地藏本願經 讀誦本

黃勝常——編著

忉利天宮神通品第一
如是我聞。一時佛在忉利天。為母說法。
爾時十方無量世界。不可說。不可說。一
切諸佛。及大菩薩摩訶薩。皆來集會。讚
歎釋迦牟尼佛。能於五濁惡世。現不可思
議。大智慧神通之力。調伏剛強眾生。知
苦樂法。各遣侍者。問訊世尊。是時如來
含笑。放百千萬億大光明雲。所謂大圓滿
光明雲。大慈悲光明雲。大智慧光明雲。
大般若光明雲。大三昧光明雲。大吉祥光
明雲。大福德光明雲。大功德光明雲。大

南無本師釋迦牟尼佛

南無地藏菩薩摩訶薩

目錄

讀《地藏本願經》前的祈禱文

我今至心憶想遙擬：

惟願我今翻開《地藏本願經》，猶如親身參與當時忉利法會。親炙本師　釋迦牟尼如來、地藏菩薩摩訶薩，及諸菩薩摩訶薩之教誨。

願我現在讀誦此經，猶如佛菩薩、地神、閻羅天子，以及鬼王，親口為我說法開示。

願我與諸善知識，所開示之法，至心相應——一心相應、勇猛相應、深心相應。

願我恆常讀誦此經，信受奉持，憶念不忘，護令不失，流佈將來，廣度有情。

願以讀誦此經功德，與地藏菩薩摩訶薩，深結法緣。

願以讀誦此經功德，迴向我久被覆藏之智慧覺性——迴向阿耨多羅三藐三菩提。

願以讀誦此經功德，迴向十善業道。

願以讀誦此經功德，迴向一切罪苦眾生、一切十方六道眾生。

願以讀誦此經功德，迴向過去無量生死——願我及一切眾生，速得依此經功德，除滅無量劫來，十惡、四重、五逆、顛倒、謗毀三寶、一闡提罪。

願以讀誦此經功德，迴向＿＿＿＿，願令＿＿＿＿依此經功德，速得除滅惡業重罪，離諸一切障礙、一切苦厄，現得安隱。

惟願我及＿＿＿＿以及一切眾生，速疾皆得，地藏菩薩摩訶薩，哀憐垂愍、慈悲攝受、救拔提升、開示化導。

為臨終者或四十九天內新近命終者，讀經前的祈禱文

頭面頂禮地藏菩薩摩訶薩雙足之前！

恭敬供養地藏菩薩摩訶薩！

回歸依止地藏菩薩摩訶薩！

唯願＿＿＿＿以及一切新近命終者，速得地藏菩薩摩訶薩緊急救拔！

唯願地藏菩薩摩訶薩以慈悲、方便、無畏神通力加被我等，我等已發願為＿＿＿＿以及一切新近命終者，讀誦《地藏本願經》，欲以救拔此人於大苦難之中！

唯願地藏菩薩摩訶薩以慈悲、方便、無畏神通力，加被＿＿＿＿以及一切新近命終者，令其勇敢誠實，面對此前所造一切身、口、意三種惡業之十種

惡行：殺生、偷盜、邪婬；妄語、兩舌、惡口、綺語；貪欲、瞋恚、邪見等罪，悉發慚愧懺悔之心，除滅業障。

唯願地藏菩薩摩訶薩以慈悲、方便、無畏神通力，加被______以及一切新近命終者，令其和善柔軟，寬恕放過一切怨親仇敵，除滅業障。

唯願地藏菩薩摩訶薩開解______以及一切新近命終者，救拔______以及一切新近命終者，引領______以及一切新近命終者，免受大痛苦，令其勿墮地獄、畜生、餓鬼等三惡道，令其受生人天高處，令其生生世世追隨地藏菩薩。

南無地藏菩薩摩訶薩！

南無地藏菩薩摩訶薩！

南無地藏菩薩摩訶薩！

祝願文

我三寶弟子＿＿＿＿＿，於地藏菩薩摩訶薩像前，以至誠至敬之心，發此宏願，願曰：

南無地藏菩薩摩訶薩！

南無地藏菩薩摩訶薩！

南無地藏菩薩摩訶薩！

願我及一切眾生，常受持讀誦《地藏本願經》；

願於受持讀誦此經中，深解諸佛菩薩真實義；

願護持此經，及地藏法門，直至此土一切罪苦眾生，皆得度脫；

願我累世父母、夫妻、兄弟、姐妹、子女、眷屬，以及此土一切罪苦眾生，皆依此經功德而得救度；

願一切諸佛剎土，有地獄處，一切罪苦眾生，皆依此經功德而得救度；

願一切時、一切處、一切眾生，與我同發誓願，皆得地藏菩薩，大願威神力加持，皆蒙惠利，出離五無間獄、出離一切大小地獄、出離三惡趣、出離六道輪迴、出離三界火宅、出離生死苦海，永離一切八苦，依如來正教、如來方便（註）修行，共登佛地，共證佛果，共享真常、真樂、真我、真淨之大涅槃；

願隨地藏菩薩，至彌勒菩薩成佛以來，度盡此土一切罪苦眾生；

願以此願，接引地藏菩薩大願威神力，加持於我；

願我依地藏大願威神力，具足圓滿成就此願；

願以此願功德，恭敬供養三世諸佛、恭敬供養三寶、恭敬供養地藏菩薩摩訶薩；

願以此願功德，迴向三世十法界一切有情。

南無地藏菩薩摩訶薩！

南無地藏菩薩摩訶薩！

南無地藏菩薩摩訶薩！

（註）南無：梵名 namo，音「拿摩」，意譯「歸依」。

如來正教：四法印、四聖諦、十二因緣法、三十七助道品。

如來方便：六波羅蜜及慈、悲、喜、捨四無量心。

開經偈

無上甚深微妙法
百千萬劫難遭遇
我今見聞得受持
願解如來真實義

地藏本願經

唐 于闐國 三藏沙門 實叉難陀 譯

忉利天宮神通品第一

如是我聞(一)：

一時，佛在忉利天(二)，為母(三)說法。

爾時，十方無量世界，不可說不可說(四)一切諸佛，及大菩薩摩訶薩(五)，皆來集會。讚歎釋迦牟尼佛，能於五濁惡世(六)，現不可思議大智慧神通之力，調伏剛強眾生，知苦樂法。各遣侍者，問訊世尊。

是時，如來含笑，放百千萬億大光明雲。所謂：大圓滿光明雲、大慈悲光明雲、大智慧光明雲、大般若光明雲、大三昧光明雲、大吉祥光明雲、大福德光明雲、大功德光明雲、大歸依光明雲、大讚歎光明雲。

放如是等不可說光明雲已，又出種種微妙之音。所謂：檀波羅蜜音、尸波羅蜜音、羼提波羅蜜音、毘離耶波羅蜜音、禪波羅蜜音、般若波羅蜜音、慈悲音、喜捨（七）音、解脫音、無漏音、智慧音、大智慧音、師子吼音、大師子吼音、雲雷音、大雲雷音。

出如是等不可說不可說音已，娑婆世界（八）及他方國土，有無量億天龍鬼神（九），亦集到忉利天宮。所謂：四天王天、忉利天、須焰摩天、兜率陀天、化樂天、他化自在天、梵眾天、梵輔天、大梵天、少光天、無量光天、光音天、少淨天、無量淨天、遍淨天、福生天、福愛天、廣果天、無想天、無煩天、無熱天、善見天、善現天、色究竟天、摩醯首羅天……乃至非想非非想處天。一切天眾、龍眾、鬼神等眾，悉來集會。

復有他方國土，及娑婆世界，海神、江神、河神、樹神、山神、地神、川澤神、苗稼神、晝神、夜神、空神、天神、飲食神、草木神，如是等神，皆來集會。

復有他方國土，及娑婆世界，諸大鬼王，所謂惡目鬼王、噉血鬼王、噉精氣鬼王、噉胎卵鬼王、行病鬼王、攝毒鬼王、慈心鬼王、福利鬼王、大愛敬鬼王，如是等鬼王，皆來集會。

爾時，釋迦牟尼佛，告文殊師利法王子菩薩摩訶薩：「汝觀是一切諸佛菩薩，及天龍鬼神，此世界，他世界，此國土，他國土，如是今來集會到忉利天者，汝知數不？」

文殊師利白佛言：「世尊！若以我神力，千劫測度，不能得知。」

佛告文殊師利：「吾以佛眼觀故，猶不盡數。此皆是地藏菩薩久遠劫來，已度，當度，未度；已成就，當成就，未成就。」

文殊師利白佛言：「世尊！我已過去久修善根(十)，證無礙智，聞佛所言，即當信受。小果聲聞，天龍八部，及未來世諸眾生等，雖聞如來誠實之語，必懷疑惑，設使頂受，未免興謗。唯願世尊，廣說地藏菩薩摩訶薩，因地作何行、立何願，而能成就不思議事？」

佛告文殊師利：「譬如三千大千世界(十一)所有草、木、叢、林、稻、麻、竹、葦、山石、微塵、一物一數，作一恆河；一恆河沙，一沙一界；一界之內，一塵一劫(十二)；一劫之內，所積塵數，盡充為劫。地藏菩薩證十地果位已來，千倍多於上喻，何況地藏菩薩在聲聞、辟支佛地？

文殊師利，此菩薩威神誓願，不可思議。若未來世，有善男子、善女人(十三)，聞是菩薩名字，或讚歎、或瞻禮、或稱名、或供養、乃至彩畫、刻鏤、塑漆形像，是人當得百返，生於三十三天，永不墮惡道(十四)。

文殊師利，是地藏菩薩摩訶薩，於過去久遠不可說不可說劫前，身為大長者(十五)子。時世有佛，號曰：師子奮迅具足萬行如來。時，長者子，見佛相好，千福莊嚴，因問彼佛：『作何行願，而得此相？』時，師子奮迅具足萬行如來告長者子：『欲證此身，當須久遠度脫一切受苦眾生。』

文殊師利，時，長者子因發願，言：『我今盡未來際，不可計劫，為是罪苦六道眾生，廣設方便，盡令解脫，而我自身方成佛道。』以是於彼佛前，立斯大願，于今百千萬億那由他(十六)不可說劫，尚為菩薩。

又於過去不可思議阿僧祇(十七)劫，時，世有佛，號曰：覺華定自在王如來，彼佛壽命四百千萬億阿僧祇劫。像法(十八)之中，有一婆羅門女(十九)，宿福深厚，眾所欽敬，行住坐臥，諸天衛護。其母信邪，常輕三寶(二十)。

是時，聖女廣說方便，勸誘其母，令生正見。而此女母，未全生信。不久命終，受生至(二十一)無間地獄。

時，婆羅門女，知母在世，不信因果，計當隨業，必生惡趣。遂賣家宅，廣求香、華，及諸供具，於先佛塔寺，大興供養。見覺華定自在王如來，其形像在一寺中，塑畫威容，端嚴畢備。時，婆羅門女，瞻禮尊容，倍生敬仰，私自念言：『佛名大覺，具一切智。若在世時，我母死後，儻來問佛，必知處所。』

時，婆羅門女，垂泣良久，瞻戀如來。忽聞空中聲曰：『泣者聖女，勿至悲哀。我今示汝母之去處。』

婆羅門女合掌向空，而白空曰：『是何神德，寬我憂慮？我自失母已來，晝夜憶戀，無處可問，知母生界？』

時，空中有聲，再報女曰：『我是汝所瞻禮者，過去覺華定自在王如來。見汝憶母，倍於常情眾生之分，故來告示。』

婆羅門女聞此聲已，舉身自撲，肢節皆損。左右扶侍，良久方蘇，而白空曰：『願佛慈愍，速說我母生界，我今身心將死不久。』

時，覺華定自在王如來告聖女曰：『汝供養畢，但早返舍，端坐思惟吾之名號，即當知母所生去處。』

時，婆羅門女尋禮佛已，即歸其舍。以憶母故，端坐念覺華定自在王如來。經一日一夜，忽見自身到一海邊，其水涌沸，多諸惡獸，盡復鐵身，飛走海上，東西馳逐。見諸男子、女人，百千萬數，出沒海中，被諸惡獸爭取食噉。又見夜叉，其形各異，或多手、多眼、多足、多頭，口牙外出，利刃如劍，驅諸罪人，使近惡獸，復自搏攫，頭足相就。其形萬類，不敢久視。

時，婆羅門女，以念佛力故，自然無懼。

有一鬼王，名曰：無毒，稽首來迎，白聖女曰：『善哉！菩薩！何緣來此？』

時，婆羅門女問鬼王曰：『此是何處？』

無毒答曰：『此是大鐵圍山，西面第一重海。』

聖女問曰：『我聞鐵圍之內，地獄在中，是事實不？』

無毒答曰：『實有地獄。』

聖女問曰：『我今云何得到獄所？』

無毒答曰：『若非威神，即須業力。非此二事，終不能到。』

聖女又問：『此水何緣，而乃涌沸，多諸罪人，及以惡獸？』

無毒答曰：『此是閻浮提造惡眾生，新死之者，經四十九日後，無人繼嗣，為作功德，救拔苦難；生時又無善因，當據本業所感地獄，自然先渡此海。海東十萬由旬(二十一)，又有一海，其苦倍此。彼海之東，又有一海，其苦復倍。三業惡因之所招感，共號業海，其處是也。』

聖女又問鬼王無毒曰：『地獄何在？』

無毒答曰：『三海之內，是大地獄，其數百千，各各差別。所謂大者，具有十八；次有五百，苦毒無量；次有千百，亦無量苦。』

聖女又問大鬼王曰：『我母死來未久，不知受生至(二十二)何趣？』

鬼王問聖女曰：『菩薩之母，在生習何行業？』

聖女答曰：『我母邪見，譏毀三寶。設或暫信，旋又不敬。死雖日淺，未知生處。』

無毒問曰：『菩薩之母，姓氏何等？』

聖女答曰：『我父，我母，俱婆羅門種。父號：尸羅善現，母號：悅帝利。』無毒合掌啟菩薩曰：『願聖者，卻返本處，無至憂憶悲戀。悅帝利罪女，生天以來，經今三日。云承孝順之子，為母設供修福，布施覺華定自在王如來塔寺。非唯菩薩之母，得脫地獄，應是無間罪人，此日悉得受樂，俱同生訖。』鬼王言畢，合掌而退。

婆羅門女，尋如夢歸，悟此事已，便於覺華定自在王如來塔像之前，立弘誓願：『願我盡未來劫，應有罪苦眾生，廣設方便，使令解脫。』」

佛告文殊師利：「時，鬼王無毒者，當今財首菩薩是。婆羅門女者，即地藏菩薩是。」

註一：如是我聞：佛經是由當時親耳聽聞佛陀說法的人，負責集結記錄下來的文字，故在經文一開頭說「如是我聞」。

註二：忉利天：又名三十三天，位於須彌山頂，中間是帝釋天，東南西北往外各延伸八天，共有三十二天，再加上帝釋天，共三十三天（詳見第二十六頁附圖）。

註三：母：指摩耶夫人，即釋迦牟尼佛示現為悉達多太子時，受生之母。摩耶夫人生下太子後，七天命終，受生到忉利天。

註四：不可說不可說：不是指什麼秘密或不願意說。它是古印度一個最大的稱量單位，是無限大、無限多、無法估量的意思。

註五：菩薩摩訶薩：即大菩薩。菩薩，梵文Bodhisattva，即覺悟的有情。摩訶，梵文Maha，即「大」之意。

註六：五濁惡世：由於眾生心普遍轉惡，故整個世代呈現五種濁惡的現象：劫濁、見濁、煩惱濁、眾生濁、命濁。

註七：喜捨：檀波羅蜜，梵名Dana-Paramita，即布施波羅蜜多。「波羅蜜多」為到彼岸之意。尸波羅蜜，梵名Sila-Paramita，即持戒波羅蜜多。羼提波羅蜜，梵名Ksanti-Paramita，即忍辱波羅蜜多。毘離耶波羅蜜，梵名Virya-Paramita，即精進波羅蜜多。禪波羅蜜，梵名Dhyana-Paramita，即禪定波羅蜜多。般若波羅蜜，梵名Prajna-Paramita，即般若波羅蜜多。慈，指慈無量心，即方便波羅蜜多。悲，指悲無量心，即願波羅蜜多。喜，指喜無量心，即力波羅蜜多。捨，指捨無量心，即淨智波羅蜜多。前面六波羅蜜多，再加上慈悲喜捨四無量心，正是十波羅蜜多。十波羅蜜多乃如來方便法，總攝一切大乘菩薩行，以及一切如來「正教」法門。請見《華嚴經．十地品》。

註八：娑婆世界：娑婆梵名Saha，有堪忍、能忍之意。娑婆世界正是釋迦牟尼佛進行教化的世界。此界眾生安於十惡，忍受諸苦，不肯出離，故又叫堪忍世界。（詳見第二十六頁附圖）

註九：天龍鬼神：專職守護正法而有大力的神與鬼，也就是天龍八部，包括天（梵名deva）、龍（梵名naga）、夜叉（梵名yaksa）、乾闥婆（梵名gandharva，管香或音樂的鬼）、阿修羅（梵名asura）、迦樓羅（梵名garuda，金翅大鵬鳥）、緊那羅（梵名kimnara，聞香起舞、作樂乞食的餓鬼）、摩睺羅伽（梵名mahoraga，大蟒蛇精）。

註十：善根：依正法修行所種下的五種善根，所謂信、進、念、定、慧五根，繼續勇猛精進，於此五根可以發起五力，所謂信力、進力、念力、定力、慧力。

註十一：三千大千世界：一個大千世界有一千個中千世界，一個中千世界有一千個小千世界，所以，三千大千世界等於有三十億個小千世界。娑婆世界即是一個小千世界。以人的肉眼看，我們生活的地球，是宇宙中唯一有生命的世界，但佛眼觀此宇宙，則有無數的世界同時存在，地球絕非唯一有生命存在的世界。

註十二：劫：梵語Kalpa。是古印度測量時間的大單位，表示非常長的時間。

註十三：善男子、善女人：佛教對善男子、善女人，只有一個定義，就是持得上十善法戒者。「十善法戒」即是要我們遠離十惡——意三惡：憍慢邪見、貪欲慳吝、瞋恨嫉妒；口四惡：妄語、兩舌、惡口、綺語；身三惡：殺生、偷盜、邪淫。（請參閱東山講堂出版的《新輯十善業道經——白話講解》）

註十四：惡道：佛教講六道輪迴中的三惡道，即餓鬼道、畜生道、地獄道。又叫三惡趣，或叫下三趣。

註十五：大長者：古印度大富大貴者。

註十六：那由他：古印度計量單位。

無所有處天　　非想非非想天

三禪三天　　四禪九天

福生天

少淨天　　福愛天　　無熱天

無量淨天　　廣果天　　善見天

遍淨天　　無想天　　善現天

無煩天　　色究竟天

化樂（自在）天　　他化自在天

忉利天

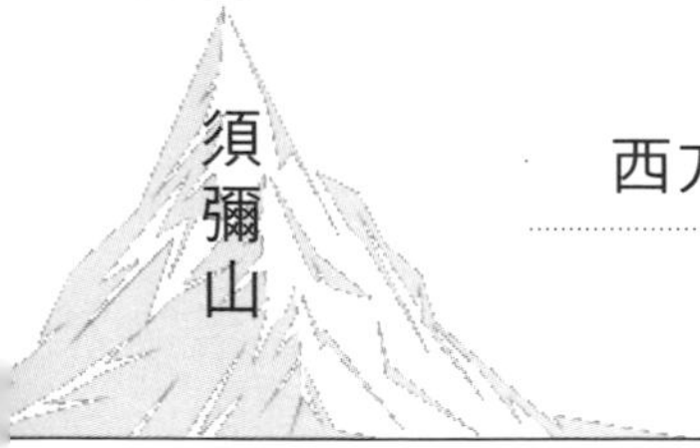

西方廣目天　　北方多聞天

星辰

四大海水

洲、北俱羅洲

＊阿修羅道化身於五道之中

六道——天道、人道、阿修羅道＊、餓鬼道、畜生道、地獄道

天道（共有二十八天）

人道

三惡道

世界

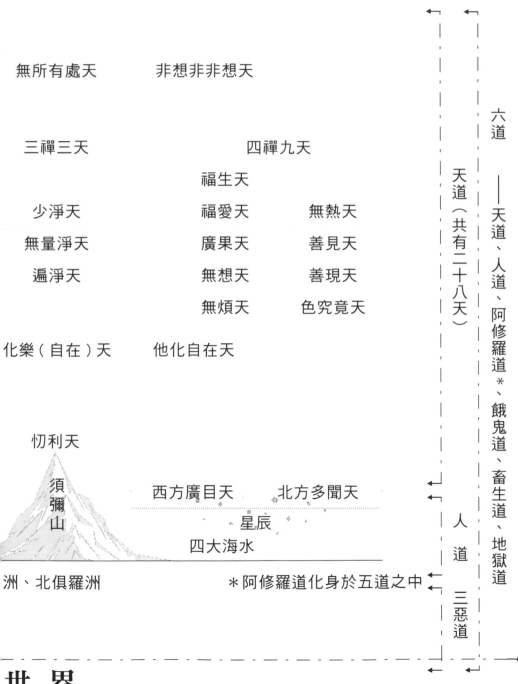

娑婆世界與三界、六道的關係簡圖

三界——欲界、色界、無色界

無色界

空無邊處天　識無邊處天

色界

四禪天：初禪三天　二禪三天

梵眾天　少光天

梵輔天　無量光天

大梵天　光音天

欲界

六欲諸天

須焰摩天　兜率陀天

四天王天：東方持國天　南方增長天

日　月

四大洲

人四洲：東勝身洲、南贍部洲（南閻浮提）、西

三惡道：餓鬼道、畜生道、地獄道

娑婆

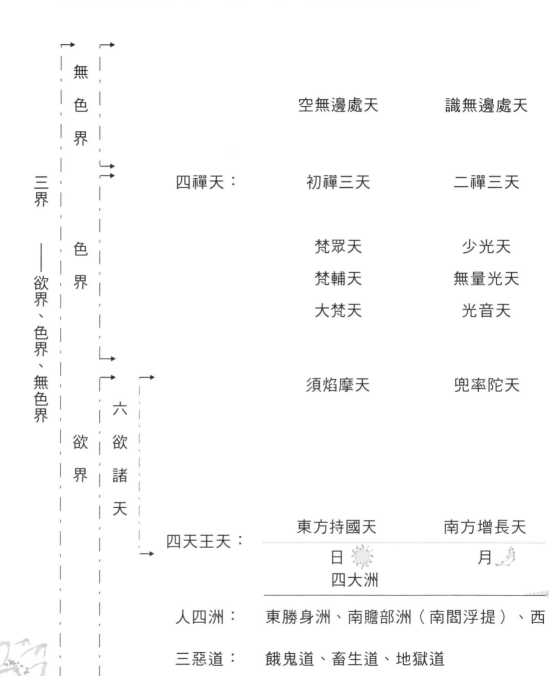

註十七：阿僧祇：古印度計量單位。

註十八：像法：佛陀教化共有四個時期——正法時期，佛法僧三寶具足示現於世，以此正面形象教化有情；像法時期，佛陀已示滅，但仍有法寶（佛陀所傳授的經與法）、僧寶（依佛法修行的集體）度化眾生；末法時期，無有佛陀及聖僧示現，而經典雖在，正法卻不存；滅法時期，連經典都不存，佛法僧三寶示滅。

註十九：婆羅門女：印度的種姓制度分成四個階級，依地位的高低各是：婆羅門（宗教界、學術界）、剎帝利（王公大臣）、吠舍（平民）、首陀羅（奴隸階級）。此婆羅門女，其種姓階級是最高的。

註二十：三寶：即佛、法、僧。佛，梵名 Buddha，覺悟者。法，梵名 Dharma，正法與經典。僧，梵名 Sangha，由四個以上的修行人組成，依正法修行的共同體，當時佛陀所領導的僧團即是。

註二十一：受生至：《大正新修大藏經》中的經文是「魂神墮在」，今改成「受生至」。因為，一切眾生的死與生，並不是一個永恆不變的靈魂在那裡受生受死，而是一個念念生、念念死的五蘊身（色、受、想、行、識）。佛教只講五蘊身，不講靈魂。「靈魂說」在於肯定每個人都有一個「獨特的」不滅不變的靈魂；而「五蘊身」是靠因緣果報相似相續生，又相似相續死，因此沒有不滅不變的靈魂這件事。不用「魂神」這兩個字，是避免和「靈魂說」混為一談。

註二十二：由旬：古印度計算里程的單位。若換算成中國的里數，有不同說法，舊傳之一，可換算為四十里。

註二十三：受生至：同註二十一。

分身集會品第二

爾時，百千萬億不可思、不可議、不可量、不可說、無量阿僧祇世界，所有地獄處，分身地藏菩薩，俱來集在忉利天宮。

以如來神力故，各以方面，與諸得解脫，從業道出者，亦各有千萬億那由他數，共持香、華來供養佛。彼諸同來等輩，皆因地藏菩薩教化，永不退轉於阿耨多羅三藐三菩提(一)。

是諸眾等，久遠劫來，流浪生死，六道受苦，暫無休息。以地藏菩薩廣大慈悲，深誓願故，各獲果證。既至忉利，心懷踴躍，瞻仰如來，目不暫捨。

爾時，世尊舒金色臂，摩百千萬億不可思、不可議、不可量、不可說、無量阿僧祇世界，諸分身地藏菩薩摩訶薩頂。而作是言：

「吾於五濁惡世，教化如是剛強眾生，令心調伏，捨邪歸正，十有一二，尚惡習在，吾亦分身千百億，廣設方便：或有利根，聞即信受；或有善果，勤勸成就；或有暗鈍，久化方歸；或有業重，不生敬仰。如是等輩眾生，各各差別，分身度脫。

或現男子身，或現女人身，或現天龍身，或現神鬼身，或現山林、川原、河池、泉井，利及於人，悉皆度脫。或現天帝身，或現梵王身，或現轉輪王身，或現居士身，或現國王身，或現宰輔身，或現官屬身，或現比丘、比丘尼、優婆塞、優婆夷身，乃至聲聞、羅漢、辟支佛、菩薩等身，而以化度，非但佛身獨現其前。

汝觀吾累劫勤苦，度脫如是等，難化剛強，罪苦眾生。其有未調伏者，隨業報應，若墮惡趣，受大苦時，汝當憶念，吾在忉利天宮，殷勤付囑：令娑婆世界至彌勒出世已來眾生，悉使解脫，永離諸苦，遇佛授記。」

爾時，諸世界分身地藏菩薩，共復一形，涕淚哀戀，白其佛言：「我從久遠劫來，蒙佛接引，使獲不可思議神力，具大智慧。我所分身，遍滿百千萬億恆河沙世界。每一世界，化百千萬億身；每一身，度百千萬億人，令歸敬三寶，永離生死，至涅槃(二)樂。但於佛法中，所為善事，一毛、一渧、一沙、一塵，或毫髮許，我漸度脫，使獲大利。唯願世尊，不以後世惡業眾生為慮。」

如是三白佛言：「唯願世尊，不以後世惡業眾生為慮。」

爾時，佛讚地藏菩薩言：「善哉！善哉！吾助汝喜！汝能成就，久遠劫來，發弘誓願，廣度將畢，即證菩提。」

註一：阿耨多羅三藐三菩提：是鳩摩羅什音譯梵文 Anuttara-samyak-sambodhi。玄奘意譯為「無上正等正覺」。

註二：涅槃：梵名 Nirvana，其意為「不生不滅的解脫境界」。

觀眾生業緣品第三

爾時，佛母摩耶夫人，恭敬合掌，問地藏菩薩言：「聖者，閻浮眾生造業差別，所受報應其事云何？」

地藏答言：「千萬世界乃及國土，或有地獄、或無地獄；或有女人、或無女人；或有佛法、或無佛法，乃至聲聞、辟支佛亦復如是，非但地獄罪報一等。」

摩耶夫人重白菩薩：「且願聞於，閻浮罪報所感惡趣。」

地藏答言：「聖母，唯願聽受，我粗說之。」

佛母白言：「願聖者說。」

爾時，地藏菩薩白聖母言：「南閻浮提罪報，名號如是：

若有眾生，不孝父母，或至殺害，當墮無間地獄，千萬億劫，求出無期。

若有眾生，出佛身血、毀謗三寶、不敬尊經，亦當墮於無間地獄，千萬億劫，求出無期。

若有眾生，侵損常住(一)，玷污僧尼；或伽藍(二)內，恣行婬欲；或殺、或害，如是等輩，當墮無間地獄，千萬億劫，求出無期。

若有眾生，偽作沙門，心非沙門；破用常住；欺誑白衣(三)；違背戒律，種種造惡，如是等輩，當墮無間地獄，千萬億劫，求出無期。

若有眾生，偷竊常住財物、穀米、飲食、衣服，乃至一物不與取(四)者，當墮無間地獄，千萬億劫，求出無期。」

地藏白言：「聖母，若有眾生，作如是罪，當墮五無間地獄，求暫停苦，一念不得。」

摩耶夫人重白地藏菩薩言：「云何名為無間地獄？」

地藏白言：「聖母，諸有地獄，在大鐵圍山之內，其大地獄，有一十八所，次有五百名號各別，次有千百名字亦別。

大地獄(五)者，其獄城周匝八萬餘里，其城純鐵，高一萬里。城上火聚，少有空缺。其獄城中，諸獄相連，名號各別。獨有一獄，名曰：無間，其獄周匝萬八千里，獄墻高一千里，悉是鐵為，上火徹下，下火徹上，鐵蛇鐵狗，吐火馳逐，獄墻之上，東西而走。獄中有床，遍滿萬里，一人受罪，自見其身，遍臥滿床；千萬人受罪，亦各自見，身滿床上。眾業所感，獲報如是。

又諸罪人，備受眾苦，千百夜叉及以惡鬼，口牙如劍，眼如電光，手復銅爪，拖拽罪人。

復有夜叉，執大鐵戟，中罪人身，或中口鼻，或中腹背，拋空翻接，或置床上。

復有鐵鷹，啗罪人目。

復有鐵蛇，繳罪人頸。

百肢節內，悉下長釘。拔舌耕犁，抽腸剉斬。洋銅灌口，熱鐵纏身。萬死千生，業感如是，動經億劫，求出無期。此界壞時，寄生他界；他界次壞，轉寄他方；他方壞時，展轉相寄；此界成後，還復而來。無間罪報，其事如是。

又五事業感，故稱無間，何等為五？

一者，日夜受罪，以至劫數，無時間絕，故稱無間。

二者，一人亦滿，多人亦滿，故稱無間。

三者，罪器叉棒，鷹蛇狼犬，碓磨鋸鑿，剉斫鑊湯，鐵網鐵繩，鐵驢鐵馬，生革絡首，熱鐵澆身，飢吞鐵丸，渴飲鐵汁，從年竟劫，數那由他，苦楚相連，更無間斷，故稱無間。

四者，不問男子、女人、羌、胡、夷、狄、老、幼、貴、賤；或龍、或神、或天、或鬼，罪行業感，悉同受之，故稱無間。

五者，若墮此獄，從初入時，至百千劫，一日一夜，萬死萬生，求一念間暫住不得，除非業盡，方得受生。以此連綿，故稱無間。」

地藏菩薩白聖母言：「無間地獄粗說如是，若廣說地獄罪器等名，及諸苦事，一劫之中，求說不盡。」

摩耶夫人聞已，愁憂合掌，頂禮而退。

註一：常住：（一）永遠住世、常住不壞者，即佛性，故又稱真常。（二）此處是指修行人。

註二：伽藍：梵名 samgharama，又譯作僧伽藍，僧眾所居之園林、寺院、堂舍。

註三：白衣：在家居士。

註四：不與取：十惡行之一。他人沒答應給就佔為己用，也就是偷盜。

註五：大地獄：《大正新修大藏經》中的經文是「無間獄」，現改為「大地獄」，與前文中的「其大地獄」統一，否則即與後文中的「獨有一獄，名曰無間」重覆，且相矛盾抵觸。

閻浮眾生業感品第四

爾時，地藏菩薩摩訶薩白佛言：「世尊！我承佛如來，威神力故，遍百千萬億世界，分是身形，救拔一切，業報眾生。若非如來，大慈力故，即不能作，如是變化。我今又蒙佛付囑，至阿逸多(一)成佛已來，六道眾生，遣令度脫。唯然世尊，願不有慮。」

爾時，佛告地藏菩薩：「一切眾生，未解脫者，性識無定。惡習結業，善習結果，為善為惡，逐境而生。輪轉五道，暫無休息，動經塵劫，迷惑障難。如魚遊網，將是長流，脫入暫出，又復遭網。以是等輩，吾當憂念。汝既畢是往願，累劫重誓，廣度罪輩，吾復何慮！」

說是語時，會中有一菩薩摩訶薩，名定自在王，白佛言：「世尊！地藏菩薩，累劫已來，各發何願，今蒙世尊，殷勤讚歎？唯願世尊，略而說之。」

爾時，世尊告定自在王菩薩：「諦聽！諦聽！善思念之。吾當為汝，分別解說。

乃往過去，無量阿僧祇、那由他、不可說劫，爾時有佛，號一切智成就如來，應供、正遍知、明行足、善逝、世間解、無上士、調御丈夫、天人師、佛、世尊(一)，其佛壽命六萬劫。

未出家時，為小國王，與一鄰國王為友，同行十善，饒益眾生。其鄰國內，所有人民，多造眾惡。

二王議計，廣設方便。一王發願：『早成佛道，當度是輩，令使無餘。』一王發願：『若不先度罪苦，令是安樂，得至菩提，我終未願成佛！』」

佛告定自在王菩薩：「一王發願早成佛者，即一切智成就如來是；一王發願永度罪苦眾生，未願成佛者，即地藏菩薩是。

復於過去，無量阿僧祇劫，有佛出世，名清淨蓮華目如來，其佛壽命四十劫。

像法之中，有一羅漢，福度眾生，因次教化。遇一女人，字曰光目，設食供養。

羅漢問之：『欲願何等？』

光目答言：『我以母亡之日，資福救拔。未知我母，生處何趣？』

羅漢愍之，為入定觀。見光目女母，墮在惡趣，受極大苦。

羅漢問光目言：『汝母在生，作何行業？今在惡趣，受極大苦。』

光目答言：『我母所習，唯好食噉魚鱉之屬。所食魚鱉，多食其子。或炒或煮，恣情食噉，計其命數，千萬復倍。尊者慈愍，如何哀救？』

羅漢愍之，為作方便，勸光目言：『汝可志誠念清淨蓮華目如來，兼塑、畫形像，存亡獲報。』

光目聞已，即捨所愛，尋畫佛像，而供養之，復恭敬心，悲泣瞻禮。忽於夜後，夢見佛身，金色晃耀，如須彌山，放大光明，而告光目：『汝母不久，當生汝家，纔覺飢寒，即當言說。』

其後，家內婢生一子，未滿三日，而乃言說。稽首悲泣，告於光目：『生死業緣，果報自受。吾是汝母，久處暗冥。自別汝來，累墮大地獄。蒙汝福力，方得受生，為下賤人。又復短命，壽年十三，更落惡道。汝有何計，令吾脫免？』

光目聞說，知母無疑，哽咽悲啼，而白婢子：『既是我母，合知本罪，作何行業，墮於惡道？』

婢子答言：『以殺害、毀罵二業受報。若非蒙福，救拔吾難，以是業故，未合解脫。』

光目問言：『地獄罪報，其事云何？』

婢子答言：『罪苦之事，不忍稱說，百千歲中，卒白難竟。』

光目聞已，啼淚號泣，而白空界：『願我之母，永脫地獄，畢十三歲，更無重罪及歷惡道。十方諸佛，慈哀愍我，聽我為母，所發廣大誓願。

若得我母，永離三塗及斯下賤，乃至女人之身，永劫不受者，願我自今日後，對清淨蓮華目如來像前，卻後百千萬億劫中，應有世界，所有地獄，及三惡道，諸罪苦眾生，誓願救拔，令離地獄惡趣、畜生、餓鬼等。如是罪報等人，盡成佛竟，我然後，方成正覺。』

發誓願已，具聞清淨蓮華目如來，而告之曰：『光目，汝大慈愍，善能為母，發如是大願。吾觀汝母，十三歲畢，捨此報已，生為梵志（三），壽年百歲；過是報後，當生無憂國土，壽命不可計劫；後成佛果，廣度人、天，數如恆河沙。』」

佛告定自在王：「爾時羅漢，福度光目者，即無盡意菩薩是。光目母者，即解脫菩薩是。光目女者，即地藏菩薩是，過去久遠劫中，如是慈愍，發恆河沙願，廣度眾生。

未來世中，若有男子女人，不行善者、行惡者、乃至不信因果者、邪婬妄語者、兩舌惡口者、毀謗大乘者，如是諸業眾生，必墮惡趣。若遇善知識勸令，一彈指間，歸依地藏菩薩，是諸眾生，即得解脫三惡道報。

若能志心歸敬及瞻禮讚歎，香、華、衣服，種種珍寶，或復飲食，如是奉事者，未來百千萬億劫中，常在諸天，受勝妙樂。若天福盡，下生人間，猶百千劫，常為帝王，能憶宿命，因果本末。

定自在王！如是地藏菩薩，有如此不可思議大威神力，廣利眾生。汝等諸菩薩，當記是經，廣宣流布。」

定自在王白佛言：「世尊！願不有慮。我等千萬億菩薩摩訶薩，必能承佛威神，廣演是經，於閻浮提，利益眾生。」

定自在王菩薩，白世尊已，合掌恭敬，作禮而退。

爾時，四方天王，俱從座起，合掌恭敬白佛言：「世尊！地藏菩薩，於久遠劫來，發如是大願，云何至今，猶度未絕，更發廣大誓言？唯願世尊，為我等說。」

佛告四天王：「善哉！善哉！吾今為汝，及未來、現在天、人眾等，廣利益故，說地藏菩薩，於娑婆世界，閻浮提內，生死道中，慈哀救拔，度脫一切，罪苦眾生，方便之事。」

四天王言：「唯然世尊，願樂欲聞。」

佛告四天王：「地藏菩薩，久遠劫來，迄至于今，度脫眾生，猶未畢願。慈愍此世，罪苦眾生，復觀未來，無量劫中，因蔓不斷，以是之故，又發重願。如是菩薩，於娑婆世界，閻浮提中，百千萬億方便，而為教化。

四天王，地藏菩薩，若遇殺生者，示(四)宿殃短命報；

若遇竊盜者，示貧窮苦楚報；

若遇邪婬者，示雀鴿鴛鴦報；
若遇惡口者，示眷屬鬥諍報；
若遇毀謗者，示無舌瘡口報；
若遇瞋恚者，示醜陋癃殘報；
若遇慳吝者，示所求違願報；
若遇飲食無度者，示飢渴咽病報；
若遇畋獵恣情者，示驚狂喪命報；
若遇悖逆父母者，示天地災殺報；
若遇燒山林木者，示狂迷取死報；
若遇前後父母惡毒者，示返生鞭撻現受報；
若遇網捕生雛者，示骨肉分離報；
若遇毀謗三寶者，示盲聾瘖啞報；
若遇輕法慢教者，示永處惡道報；
若遇破用常住者，示億劫輪迴地獄報；

若遇污梵誣僧者，示永在畜生報；
若遇湯火斬斫傷生者，示輪迴遞償報；
若遇破戒犯齋者，示禽獸飢餓報；
若遇非理毀用者，示所求闕絕報；
若遇吾我貢高者，示卑使下賤報；
若遇兩舌鬥亂者，示無舌百舌報；
若遇邪見者，示邊地受生報。
如是等閻浮提眾生，身口意業，惡習結果，百千報應，今粗略說。如是等閻浮提眾生，業感差別，地藏菩薩，百千方便，而教化之。是諸眾生，先受如是等報，後墮地獄，動經劫數，無有出期。是故汝等，護人護國，無令是諸眾業，迷惑眾生。」
四天王聞已，涕淚悲歎，合掌而退。

註一：阿逸多：梵名 Ajita，即彌勒菩薩。

註二：應供、正遍知、明行足、善逝、世間解、無上士、調御丈夫、天人師、佛、世尊：此乃一切佛的十種稱號，也就是十種佛的功德。

註三：梵志：清淨修行人或是外道修行人。此處是指前者。

註四：示：《大正新修大藏經》中的經文是「説」，現改為「示」。因「示」，即是開示、示現、示導。

地獄名號品第五

爾時，普賢菩薩摩訶薩(一)白地藏菩薩言：「仁者！願為天、龍、四眾(二)，及未來現在一切眾生，說娑婆世界及閻浮提罪苦眾生，所受報處——地獄名號，及惡報等事，使未來世末法眾生，知是果報。」

地藏答言：「仁者！我今承佛威神，及大士(三)之力，略說地獄名號，及罪報、惡報之事。

仁者！閻浮提東方有山，號曰鐵圍，其山黑邃，無日月光，有大地獄，號極無間。又有地獄，名大阿鼻。

復有地獄，名曰四角；復有地獄，名曰飛刀；

復有地獄，名曰火箭；復有地獄，名曰夾山；

復有地獄，名曰通槍；復有地獄，名曰鐵車；

復有地獄，名曰鐵床；復有地獄，名曰鐵牛；
復有地獄，名曰鐵衣；復有地獄，名曰千刃；
復有地獄，名曰鐵驢；復有地獄，名曰洋銅；
復有地獄，名曰抱柱；復有地獄，名曰流火；
復有地獄，名曰耕舌；復有地獄，名曰剉首；
復有地獄，名曰燒腳；復有地獄，名曰啗眼；
復有地獄，名曰鐵丸；復有地獄，名曰諍論；
復有地獄，名曰鐵鈇；復有地獄，名曰多瞋。」

地藏白言：「仁者！鐵圍之內，有如是等地獄，其數無限，更有：
叫喚地獄、拔舌地獄、糞尿地獄、銅鎖地獄、
火象地獄、火狗地獄、火馬地獄、火牛地獄、
火山地獄、火石地獄、火床地獄、火梁地獄、
火鷹地獄、鋸牙地獄、剝皮地獄、飲血地獄、
燒手地獄、燒腳地獄、倒刺地獄、火屋地獄、

鐵屋地獄、火狼地獄。

如是等地獄，其中各各復有諸小地獄，或一或二、或三或四、乃至百千，其中名號，各各不同。」

地藏菩薩告普賢菩薩言：「仁者！此者皆是，南閻浮提行惡眾生，業感如是。業力甚大，能敵須彌，能深巨海，能障聖道。

是故眾生！莫輕小惡，以為無罪，死後有報，纖毫受之。父子至親，歧路各別，縱然相逢，無肯代受。我今承佛威力，略說地獄罪報之事，唯願仁者，暫聽是言。」

普賢答言：「吾以久知三惡道報，望仁者說，令後世末法一切惡行眾生，聞仁者說，使令歸佛。」

地藏白言：「仁者！地獄罪報，其事如是：

或有地獄，取罪人舌，使牛耕之；

或有地獄，取罪人心，夜叉食之；

或有地獄，鑊(四)湯盛沸，煮罪人身；

或有地獄，赤燒銅柱，使罪人抱；
或有地獄，使諸火燒，趁及罪人；
或有地獄，一向寒冰；或有地獄，無限糞尿；
或有地獄，純飛鏃鑗(五)；或有地獄，多攢火槍；
或有地獄，唯撞胸背；或有地獄，但燒手足；
或有地獄，盤絞鐵蛇；或有地獄，驅逐鐵狗；
或有地獄，盡駕鐵騾。

仁者！如是等報，各各獄中，有百千種業道之器，無非是銅、是鐵、是石、是火，此四種物，眾業行感。

若廣說地獄罪報等事，一一獄中，更有百千種苦楚，何況多獄？我今承佛威神，及仁者問，略說如是。若廣解說，窮劫不盡。」

註一：普賢菩薩：是釋迦牟尼佛座下兩位脅士之一，菩薩眾中大行第一，常見的塑像乃騎白象者。

註二：天龍四眾：指的是天龍八部鬼神，以及比丘、比丘尼、優婆塞、優婆夷等四眾弟子。

註三：大士：菩薩。

註四：鑊：大鍋。

註五：鋘鏫：如松柏子般的帶刺金屬武器，可投擲用或鋪在敵人行進路上。

如來讚歎品第六

爾時，世尊舉身㈠，放大光明，遍照百千萬億，恆河沙等，諸佛世界。出大音聲，普告諸佛世界，一切諸菩薩摩訶薩，及天、龍、鬼、神、人、非人等：「聽吾今日，稱揚讚歎，地藏菩薩摩訶薩，於十方世界㈡，現大不可思議，威神慈悲之力，救護一切，罪苦之事。吾滅度後，汝等諸菩薩大士，及天、龍、鬼、神等，廣作方便，衛護是經，令一切眾生，證涅槃樂。」

說是語已，會中有一菩薩，名曰普廣，合掌恭敬，而白佛言：「今見世尊，讚歎地藏菩薩，有如是不可思議，大威神德。唯願世尊，為未來世末法眾生，宣說地藏菩薩，利益人、天，因果等事。使諸天龍八部，及未來世眾生，頂受佛語。」

爾時，世尊告普廣菩薩，及四眾等：「諦聽！諦聽！吾當為汝，略說地藏菩薩，利益人、天，福德之事。」

普廣白言：「唯然，世尊，願樂欲聞。」

佛告普廣菩薩：「未來世中，若有善男子、善女人，聞是地藏菩薩摩訶薩名者，或合掌者、讚歎者、作禮者、戀慕者，是人超越，三十劫罪。

普廣！若有善男子、善女人，或彩畫形像，或土、石、膠、漆、金、銀、銅、鐵，作此菩薩，一瞻一禮者，是人百返，生於三十三天，永不墮於惡道。假如天福盡故，下生人間，猶為國王，不失大利。

若有女人，厭女人身，盡心供養，地藏菩薩畫像，及土、石、膠、漆、銅、鐵等像，如是，日日不退，常以華、香、飲食、衣服、繒綵、幢旛、錢、寶物等供養。是善女人，盡此一報女身，百千萬劫，更不生有女人世界，何況復受？除非慈願力故，要受女身，度脫眾生。承斯供養地藏力故，及功德力，百千萬劫，不受女身。

復次，普廣！若有女人，厭是醜陋、多疾病者，但於地藏像前，志心瞻禮，食頃之間，是人千萬劫中，所受生身，相貌圓滿。是醜陋女人，如不厭女身，即百千萬億生中，常為王女，乃及王妃、宰輔大姓、大長者女，端正受生，諸相圓滿。由志心故，瞻禮地藏菩薩，獲福如是。

復次，普廣！若有善男子、善女人，能對菩薩像前，作諸伎樂，及歌詠讚歎，香、華供養，乃至勸於，一人多人。如是等輩，現在世中，及未來世，常得百千鬼神，日夜衛護，不令惡事，輒聞其耳，何況親受諸橫？

復次，普廣！未來世中，若有惡人，及惡神、惡鬼，見有善男子、善女人，歸敬供養，讚歎瞻禮，地藏菩薩形像，或妄生譏毀，謗無功德，及利益事；或露齒笑；或背面非；或勸人共非，或一人非，或多人非；乃至一念生譏毀者。如是之人，賢劫千佛滅度，譏毀之報，尚在阿鼻地獄，受極重罪。過是劫已，方受餓鬼；又經千劫，復受畜生；又經千劫，方得人身。縱受人身，貧窮下賤，諸根不具，多被惡業，來結其心，不久之間，復墮惡道。是故，普廣！譏毀他人供養，尚獲此報，何況別生惡見毀滅？

復次，普廣！若未來世，有男子、女人，久處床枕，求生求死，了不可得，或夜夢惡鬼，乃及家親；或遊險道；或多魘寐，共鬼神遊；日月歲深，轉復尪瘵，眠中叫苦，慘悽不樂者。此皆是業道論對，未定輕重，或難捨壽，或不得愈，男女俗眼，不辨是事。但當對諸佛菩薩像前，高聲轉讀此經一遍，或取病人可愛之物，或衣服寶貝，莊園舍宅，對病人前，高聲唱言：『我某甲等，為是病人，對經、像前，捨諸等物，或供養經、像；或造佛菩薩形像；或造塔寺；或然油燈；或施常住。』如是三白病人，遣令聞知。假令諸識分散，至氣盡者，乃至一日、二日、三日、四日，至七日以來，但高聲白，高聲讀經。是人命終之後，宿殃重罪，至于五無間罪，永得解脫，所受生處，常知宿命。

何況善男子、善女人，自書此經，或教人書；或自塑、畫菩薩形像，乃至教人塑、畫。所受果報，必獲大利。是故，普廣！若見有人，讀誦是經，乃至一念，讚歎是經，或恭敬者，汝須百千方便，勸是等人，勤心莫退。能得未來、現在，千萬億不可思議功德。

復次，普廣！若未來世，諸眾生等，或夢或寐，見諸鬼神，乃及諸形，或悲、或啼、或愁、或歎、或恐、或怖，此皆是一生、十生、百生、千生，過去父母，男女弟妹，夫妻眷屬，在於惡趣，未得出離，無處希望福力救拔。當告宿世骨肉，使作方便，願離惡道。普廣！汝以神力，遣是眷屬，令對諸佛菩薩像前，志心自讀此經，或請人讀，其數三遍、或七遍。如是惡道眷屬，經聲畢是遍數，當得解脫，乃至夢寐之中，永不復見。

復次，普廣！若未來世，有諸下賤等人，或奴、或婢，乃至諸不自由之人，覺知宿業，要懺悔者，志心瞻禮，地藏菩薩形像；乃至一七日中，念菩薩名，可滿萬遍。如是等人，盡此報後，千萬生中，常生尊貴，更不經三惡道苦。

復次，普廣！若未來世中，閻浮提內，剎利、婆羅門、長者、居士、一切人等，及異姓種族，有新產者，或男、或女，七日之中，早與讀誦，此不思議經典，更為念菩薩名，可滿萬遍。是新生子，或男、或女，宿有殃報，便得解脫，安樂易養，壽命增長。若是承福生者，轉增安樂，及與壽命。

復次，普廣！若未來世眾生，於月一日、八日、十四日、十五日、十八日、二十三、二十四、二十八、二十九日，乃至三十日，是諸日等，諸罪結集，定其輕重。南閻浮提眾生，舉止動念，無不是業，無不是罪，何況恣情殺害、竊盜、邪婬、妄語，百千罪狀？能於是十齋日，對佛菩薩，諸賢聖像前，讀是經一遍，東西南北，百由旬內，無諸災難。當此居家，若長、若幼，現在、未來，百千歲中，永離惡趣。能於十齋日，每轉一遍，現世令此居家，無諸橫病，衣食豐溢。

是故，普廣！當知地藏菩薩，有如是等，不可說，百千萬億，大威神力，利益之事。閻浮眾生，於此大士，有大因緣。是諸眾生，聞菩薩名，見菩薩像，乃至聞是經，三字、五字，或一偈、一句者，現在殊妙安樂，未來之世，百千萬生，常得端正，生尊貴家。」

爾時，普廣菩薩，聞佛如來，稱揚讚歎地藏菩薩已，胡跪合掌，復白佛言：「世尊！我久知是大士，有如此不可思議神力，及大誓願力。為未來眾生，遣知利益，故問如來，唯然頂受。世尊！當何名此經？使我云何流布？」

佛告普廣：「此經有三名：一名地藏本願；亦名地藏本行；亦名地藏本誓力經。緣此菩薩，久遠劫來，發大重願，利益眾生，是故汝等，依願流布。」

普廣聞已，合掌恭敬，作禮而退。

註一：舉身：不是說把身子舉起來，而是指「渾身」或「全身」的意思。

註二：十方世界：東、西、南、北、西南、東北、東南、西北、上、下共為十方。佛眼看宇宙十方，有無數世界及佛剎土，稱為十方世界。

利益存亡品第七

爾時，地藏菩薩摩訶薩白佛言：「世尊，我觀是閻浮眾生，舉心動念，無非是罪；脫(一)獲善利，多退初心；若遇惡緣，念念增益。是等輩人，如履泥塗，負於重石，漸困漸重，足步深邃。若得遇知識，替與減負，或全與負。是知識，有大力故，復相扶助，勸令牢腳。若達平地，須省惡路，無再經歷。

世尊，習惡眾生，從纖毫間，便至無量。是諸眾生，有如此習，臨命終時，父母眷屬，宜為設福，以資前路。或懸旛蓋，及燃油燈；或轉讀尊經；或供養佛像，及諸聖像；乃至念佛菩薩，及辟支佛名字。一名一號，歷臨終人耳根，或聞在本識。是諸眾生，所造惡業，計其感果，必墮惡趣。緣是眷屬，為臨終人，修此聖因，如是眾罪，悉皆銷滅。若能更為，身死之後，七七日內，廣造眾善，能使是諸眾生，永離惡趣，得生人、天，受勝妙樂；現在眷屬，利益無量。

是故我今，對佛世尊，及天龍八部，人、非人等，勸於閻浮提眾生：臨終之日，慎勿殺害，及造惡緣，拜祭鬼神，求諸魍魎。何以故？爾所殺害，乃至拜祭，無纖毫之力，利益亡人，但結罪緣，轉增深重。

假使來世，或現在生，得獲聖分，生人、天中，緣是臨終，被諸眷屬，造是惡因，亦令是命終人，殃累對辯，晚生善處。何況臨命終人，在生未曾，有少善根，各據本業，自受惡趣，何忍眷屬，更為增業？

譬如有人，從遠地來，絕糧三日，所負擔物，彊過百斤。忽遇鄰人，更附少物，以是之故，轉復困重。

世尊，我觀閻浮眾生，但能於諸佛教中，乃至善事，一毛、一渧、一沙、一塵，如是利益，悉皆自得。」

說是語時，會中有一長者，名曰大辯。是長者，久證無生，化度十方，現長者身，合掌恭敬，問地藏菩薩言：「大士，是南閻浮提眾生，命終之後，小大眷屬，為修功德，乃至設齋，造眾善因。是命終人，得大利益，及解脫不？」

地藏答言：「長者，我今為未來、現在，一切眾生，承佛威力，略說是事。

長者，未來、現在，諸眾生等，臨命終日，得聞一佛名、一菩薩名、一辟支佛名，不問有罪、無罪，悉得解脫。

若有男子、女人，在生不修善因，多造眾罪，命終之後，眷屬小大，為造福利，一切聖事，七分之中，而乃獲一，六分功德，生者自利。以是之故，未來現在，善男女等，聞健自修，分分已獲。

無常大鬼，不期而到。冥冥遊神，未知罪福，七七日內，如癡如聾。或在諸司，辯論業果，審定之後，據業受生，未測之間，千萬愁苦，何況墮於，諸惡趣等？

是命終人，未得受生，在七七日內，念念之間，望諸骨肉眷屬，與造福力救拔。過是日後，隨業受報。若是罪人，動經千百歲中，無解脫日。若是五無間罪，墮大地獄，千劫萬劫，永受眾苦。

復次，長者，如是罪業眾生，命終之後，眷屬骨肉，為修營齋，資助業道。未齋食竟，及營齋之次，米泔菜葉，不棄於地，乃至諸食，未獻佛僧，勿得先食。如有違食，及不精勤，是命終人，了不得力。如精勤護淨，奉獻佛僧，是命終人，七分獲一。

是故，長者，閻浮眾生，若能為其父母，乃至眷屬，命終之後，設齋供養，志心勤懇，如是之人，存亡(二)獲利。」

說是語時，忉利天宮，有千萬億那由他，閻浮鬼神，悉發無量菩提之心。大辯長者，作禮而退。

註一：脫：脫罪，從罪業中逃脫出來。

註二：存亡：指生者和死者。

閻羅王眾讚歎品第八

爾時，鐵圍山內，有無量鬼王，與閻羅天子，俱詣忉利，來到佛所。所謂：惡毒鬼王、多惡鬼王、大諍鬼王、白虎鬼王、血虎鬼王、赤虎鬼王、散殃鬼王、飛身鬼王、電光鬼王、狼牙鬼王、千眼鬼王、噉獸鬼王、負石鬼王、主耗鬼王、主禍鬼王、主食鬼王、主財鬼王、主畜鬼王、主禽鬼王、主獸鬼王、主魅鬼王、主產鬼王、主命鬼王、主疾鬼王、主險鬼王、三目鬼王、四目鬼王、五目鬼王、祁利失王、大祁利失王、祁利叉王、大祁利叉王、阿那吒王、大阿那吒王。如是等大鬼王，各各與百千諸小鬼王，盡居閻浮提，各有所執，各有所主。

是諸鬼王，與閻羅天子，承佛威神，及地藏菩薩摩訶薩力，俱詣忉利，在一面立。

爾時，閻羅天子胡跪，合掌白佛言：「世尊！我等今者，與諸鬼王，承佛威神，及地藏菩薩摩訶薩力，方得詣此忉利大會，亦是我等獲善利故。我今有小疑事，敢問世尊，唯願世尊慈悲宣說。」

佛告閻羅天子：「恣汝所問，吾為汝說。」

是時，閻羅天子瞻禮世尊，及迴視地藏菩薩，而白佛言：「世尊！我觀地藏菩薩在六道中，百千方便，而度罪苦眾生，不辭疲倦。是大菩薩有如是不可思議神通之事，然諸眾生，獲脫㈠罪報，未久之間，又墮惡道。世尊！是地藏菩薩既有如是不可思議神力，云何眾生而不依止善道，永取解脫？唯願世尊，為我解說。」

佛告閻羅天子：「南閻浮提眾生，其性剛強，難調難伏。是大菩薩，於百千劫，頭頭救拔㈡如是眾生，早令解脫。是罪報人，乃至墮大惡趣，菩薩以方便力，拔出根本業緣，而遣悟宿世之事。自是閻浮眾生，結惡習重，旋出旋入，勞斯菩薩久經劫數，而作度脫。

譬如，有人迷失本家，誤入險道，其險道中，多諸夜叉，及虎、狼、師子、蚖、蛇、蝮、蠍。如是迷人，在險道中，須臾之間，即遭諸毒。有一知識，多解大術，善禁是毒，乃及夜叉、諸惡毒等。忽逢迷人欲進險道，而語之言：『咄哉！男子，為何事故，而入此路？有何異術，能制諸毒？』是迷路人，忽聞是語，方知險道，即便退步，求出此路。

是善知識，提攜接手，引出險道，免諸惡毒，至於好道，令得安樂，而語之言：『咄哉！迷人！自今已後，勿履是道。此路入者，卒難得出，復損性命。』是迷路人，亦生感重。

臨別之時，知識又言：『若見親知及諸路人，若男若女，言於此路，多諸毒惡，喪失性命，無令是眾，自取其死。』

是故，地藏菩薩具大慈悲，救拔罪苦眾生，生天、人中，令受妙樂。是諸罪眾，知業道苦，脫得出離，永不再歷。如迷路人，誤入險道，遇善知識，引接令出，永不復入。逢見他人，復勸莫入。自言：『因是迷故，得解脫竟，更不復入。』若再履踐，猶尚迷誤，不覺舊曾所落險道，或致失命，如墮惡趣。

地藏菩薩方便力故，使令解脫，生人、天中，旋又再入，若業結重，永處地獄，無解脫時。」

爾時，惡毒鬼王合掌恭敬白佛言：「世尊！我等諸鬼王，其數無量，在閻浮提，或利益人，或損害人，各各不同。然是業報，使我眷屬遊行世界，多惡少善。過人家庭、或城邑、聚落、莊園、房舍，或有男子、女人，修毛髮善事；乃至懸一旛、一蓋，少香、少華，供養佛像及菩薩像；或轉讀尊經，燒香供養一句一偈。我等鬼王，敬禮是人，如過去、現在、未來諸佛。敕諸小鬼，各有大力，及土地分(三)，便令衛護，不令惡事、橫事、惡病、橫病、乃至不如意事，近於此舍等處，何況入門。」

佛讚鬼王：「善哉！善哉！汝等及與閻羅，能如是擁護善男女等，吾亦告梵王帝釋，令衛護汝。」

說是語時，會中有一鬼王，名曰主命，白佛言：「世尊！我本業緣，主閻浮人命，生時死時，我皆主之。在我本願，甚欲利益。自是眾生不會我意，致令生死俱不得安。

何以故？是閻浮提人初生之時，不問男女，或欲生時，但作善事，增益舍宅，自令土地無量歡喜，擁護子母，得大安樂，利益眷屬。或已生下，慎勿殺害，取諸鮮味供給產母，及廣聚眷屬，飲酒食肉，歌樂絃管，能令子母不得安樂。

何以故？是產難時，有無數惡鬼及魍魎精魅，欲食腥血。是我早令舍宅、土地靈祇，荷護子母，使令安樂，而得利益。如是之人，見安樂故，便合設福，答諸土地，翻為殺害，集聚眷屬。以是之故，犯殃自受，子母俱損。

又閻浮提臨命終人，不問善惡，我欲令是命終之人，不落惡道。何況自修善根，增我力故。是閻浮提行善之人，臨命終時，亦有百千惡道鬼神，或變作父母，乃至諸眷屬，引接亡人，令落惡道。何況本造惡者。

世尊！如是閻浮提男子、女人臨命終時，神識惛昧，不辨善惡，乃至眼耳更無見聞。是諸眷屬，當須設大供養，轉讀尊經，念佛菩薩名號。如是善緣，能令亡者離諸惡道，諸魔鬼神悉皆退散。

世尊！一切眾生臨命終時，若得聞一佛名、一菩薩名、或大乘經典一句一偈，我觀如是輩人，除五無間殺害之罪，小小惡業，合墮惡趣者，尋即解脫。」

佛告主命鬼王：「汝大慈故，能發如是大願，於生死中，護諸眾生。若未來世中，有男子、女人至生死時，汝莫退是願，總令解脫，永得安樂。」鬼王白佛言：「願不有慮。我畢是形，念念擁護閻浮眾生，生時死時，俱得安樂。但願諸眾生於生死時，信受我語，無不解脫，獲大利益。」

爾時，佛告地藏菩薩：「是大鬼王主命者，已曾經百千生，作大鬼王，於生死中，擁護眾生。是大士慈悲願故，現大鬼身，實非鬼也。卻後過一百七十劫，當得成佛，號曰：無相如來，劫名：安樂，世界名：淨住，其佛壽命不可計劫。地藏，是大鬼王，其事如是不可思議，所度天、人，亦不可限量。」

註一：獲脫：《大正新修大藏經》中的經文是「脫獲」，現改為「獲脫」。意思是從罪業中獲得逃脫。

註二：頭頭救拔：罪苦眾生多到需要大菩薩一個挨著一個，一直不停地去救拔。

註三：土地分：掌管土地的神祇。

稱佛名號品第九

爾時，地藏菩薩摩訶薩白佛言：「世尊！我今為未來眾生，演利益事，於生死中，得大利益。唯願世尊聽我說之。」

佛告地藏菩薩：「汝今欲興慈悲，救拔一切罪苦六道眾生，演不思議事，今正是時，唯當速說。吾即涅槃，使汝早畢是願，吾亦無憂現在未來一切眾生。」

地藏菩薩白佛言：「世尊！過去無量阿僧祇劫，有佛出世，號無邊身如來。若有男子、女人聞是佛名，暫生恭敬，即得超越四十劫生死重罪。何況塑、畫形像，供養讚歎，其人獲福，無量無邊。

又於過去，恆河沙劫，有佛出世，號寶性如來。若有男子、女人聞是佛名，一彈指頃，發心歸依，是人於無上道，永不退轉。

又於過去，有佛出世，號波頭摩勝如來。若有男子、女人聞是佛名，歷於耳根，是人當得千返，生於六欲天(一)中，何況志心稱念。

又於過去，不可說不可說阿僧祇劫，有佛出世，號師子吼如來。若有男子、女人聞是佛名，一念歸依，是人得遇，無量諸佛摩頂授記。

又於過去，有佛出世，號拘留孫佛。若有男子、女人聞是佛名，志心瞻禮，或復讚歎，是人於賢劫千佛會中，為大梵王，得授上記。

又於過去，有佛出世，號毘婆尸佛。若有男子、女人聞是佛名，永不墮惡道，常生人、天，受勝妙樂。

又於過去，無量無數恆河沙劫，有佛出世，號寶勝如來。若有男子、女人聞是佛名，畢竟不墮惡道，常在天上，受勝妙樂。

又於過去，有佛出世，號寶相如來。若有男子、女人聞是佛名，生恭敬心，是人不久得阿羅漢果。

又於過去，無量阿僧祇劫，有佛出世，號袈裟幢如來。若有男子、女人聞是佛名者，超一百大劫生死之罪。

又於過去，有佛出世，號大通山王如來。若有男子、女人聞是佛名者，是人得遇，恆河沙佛，廣為說法，必成菩提。

又於過去，有淨月佛、山王佛、智勝佛、淨名王佛、智成就佛、無上佛、妙聲佛、滿月佛、月面佛，有如是等不可說佛。

世尊！現在未來一切眾生，若天、若人、若男、若女，但念得一佛名號，功德無量，何況多名。是眾生等，生時死時，自得大利，終不墮惡道。

若有臨命終人，家中眷屬，乃至一人，為是病人高聲念一佛名，是命終人，除五無間罪，餘業報等，悉得銷滅。是五無間罪，雖至極重，動經億劫，了不得出，承斯臨命終時，他人為其稱念佛名，於是罪中，亦漸銷滅。何況眾生自稱自念，獲福無量，滅無量罪。」

註一：六欲天：欲界六天，即四天王天、忉利天、須焰摩天、兜率陀天、化樂天、他化自在天。

校量布施功德緣品第十

爾時，地藏菩薩摩訶薩承佛威神，從座而起，胡跪合掌白佛言：「世尊！我觀業道(一)眾生，校量(二)布施，有輕有重，有一生受福，有十生受福，有百生千生受大福利者。是事云何？唯願世尊，為我說之。」

爾時，佛告地藏菩薩：「吾今於忉利天宮，一切眾會，說閻浮提布施校量功德(三)輕重。汝當諦聽，吾為汝說。」

地藏白佛言：「我疑是事，願樂欲聞。」

佛告地藏菩薩：「南閻浮提，有諸國王、宰輔大臣、大長者、大剎利、大婆羅門等，若遇最下貧窮，乃至癃殘、瘖啞、聾癡、無目，如是種種不完具者。是國王(四)等，欲布施時，若能具大慈悲，下心含笑，親手遍布施，或使人施，軟言慰喻，是國王等所獲福利，如布施百恆河沙佛功德之利。何以故？緣是國王等，於是最貧賤輩及不完具者，發大慈心，是故福利有如此報。百千生中，常得七寶(五)具足，何況衣食受用。

復次，地藏！若未來世，有諸國王，至婆羅門等，遇佛塔(六)寺，或佛形像，乃至菩薩、聲聞、辟支佛像，躬自營辦供養布施。是國王等，當得三劫為帝釋身，受勝妙樂。若能以此布施福利，迴向法界(七)，是國王(八)等，於十劫中，常為大梵天王。

復次，地藏！若未來世，有諸國王，至婆羅門等，遇先佛(九)塔廟，或至經、像，毀壞破落，乃能發心修補。是國王等，或自營辦，或勸他人，乃至百千人等，布施結緣。是國王等，百千生中，常為轉輪王身；如是他人同布施者，百千生中，常為小國王身。更能於塔廟前，發迴向心，如是國王乃及諸人，盡成佛道，以此果報無量無邊。

復次，地藏！未來世中，有諸國王及婆羅門等，見諸老病及生產婦女，若一念間，具大慈心，布施醫藥、飲食、臥具，使令安樂。如是福利，最不思議，永不墮惡道，乃至百千生中，耳不聞苦聲；二百劫中，常為六欲天主(十)；一百劫中，常為淨居天主(十一)；畢竟成佛(十二)。

是故(十三)，地藏！若未來世中，有諸國王及婆羅門等，能作如是布施，獲福無量。更能迴向，不問多少，畢竟成佛，何況轉輪、釋、梵之報(十四)。

是故，地藏！普勸眾生，當如是學。

復次，地藏！未來世中，若善男子、善女人，於佛法中，種少善根，毛、髮、沙、塵等許，所受福利，不可為喻。

復次，地藏！未來世中，若有善男子、善女人，遇佛形像、菩薩形像、辟支佛形像、轉輪王形像，布施供養，得無量福，常在人、天，受勝妙樂。若能迴向法界，是人福利，不可為喻。

復次，地藏！未來世中，若有善男子、善女人，遇大乘經典，或聽聞一偈、一句，發殷重心讚歎，恭敬布施供養，是人獲大果報，無量無邊。若能迴向法界，其福不可為喻。

復次，地藏！若未來世中，有善男子、善女人，遇佛塔寺，大乘經典，新者布施供養，瞻禮讚歎，恭敬合掌；若遇故者，或毀壞者，修補營理，或獨發心，或勸多人同共發心。如是等輩，三十生中，常為諸小國王。檀越(十五)之人，常為輪王，還以善法，教化諸小國王。

是故(十六)，地藏！未來世中，若有善男子、善女人，於佛法中所種善根，或布施供養，或修補塔寺，或裝理經典，乃至一毛、一塵、一沙、一渧。如是善事，但能迴向法界，是人功德，百千生中，受上妙樂。如但迴向自家眷屬，或自身利益，如是之果，即三生受樂，捨一得萬報。

是故，地藏！布施因緣，其事如是。」

註一：業道：眾生根據所造十善業、十惡業，輪轉於六道。

註二：校量：校音「叫」，檢驗、核對。量，計算。

註三：功德：功，指所能產生的功用；德即是得，指所能產生的福德惠利。

註四：國王：《大正新修大藏經》中的經文是「大國王」，今改成「國王」，與前後經文統一。

註五：七寶：即金輪寶、象寶、馬寶、摩尼寶珠、女寶、主藏臣寶、主兵臣寶。

註六：塔：梵名 Stupa，乃諸佛菩薩、祖師高僧放置遺骨、遺物的衣冠塚，作為後人供養、禮拜之用。佛陀的遺體，經火化處理後剩下的骨骸、牙齒，即所謂「舍利」，梵名 Sarira，因此，安置佛陀遺骨、遺物的衣冠塚，又叫做舍利塔。

註七：法界：即十法界，包括地獄、畜牲、餓鬼、阿修羅、人、天、聲聞、緣覺、菩薩、佛。

註八：國王：同註四。

註九：先佛：是指已經示滅的佛，換句話說，此時正法時期已過，若不是像法，就是末法或是滅法時期。

註十：六欲天主：即是欲界最高天「他化自在天」天王。

註十一：淨居天主：是色界三禪天中最高天天王。

註十二：永不墮惡道，乃至百千生中，耳不聞苦聲……畢竟成佛：《大正新修大藏經》中的經文是「一百劫中，常為淨居天主。二百劫中，常為六欲天主。畢竟成佛，永不墮惡道，乃至百千生中，耳不聞苦聲」，現按照福報的小大順序，重新列出次第。

註十三：是故：《大正新修大藏經》中的經文是「復次」，今改成「是故」。因為此段內容，是總結前面四段世間主所做善事的功德惠利。

註十四：轉輪、釋、梵之報：《大正新修大藏經》中的經文是「釋、梵、轉輪之報」。《華嚴經．十地品》中說：二地菩薩多作轉輪聖王，三地菩薩多作帝釋天王，八地、九地菩薩多作大梵天王。

此處依照菩薩修行次第，重新排列。

註十五：檀越：梵名Danapati，即是在家的大施主。

註十六：是故：《大正新修大藏經》中的經文是「復次」，今改成「是故」。因為此段內容，是總結前面四段善男子、善女人所作善事的功德惠利。

地神護法品第十一

爾時，堅牢地神白佛言：「世尊！我從昔來，瞻視頂禮無量菩薩摩訶薩，皆是大不可思議，神通智慧，廣度眾生。是地藏菩薩摩訶薩，於諸菩薩誓願深重。

世尊！是地藏菩薩，於閻浮提有大因緣，如文殊、普賢、觀音、彌勒亦化百千身形，度於六道，其願尚有畢竟。是地藏菩薩，教化六道一切眾生，所發誓願，劫數如千百億恆河沙。

世尊！我觀未來及現在眾生，於所住處，於南方清潔之地，以土、石、竹、木作其龕室，是中能塑、畫，乃至金、銀、銅、鐵，作地藏形像，燒香供養，瞻禮讚歎，是人居處，即得十種利益。何等為十：

一者、土地豐壤；二者、家宅永安；

三者、先亡生天；四者、現存益壽；
五者、所求遂意；六者、無水火災；
七者、虛耗辟除；八者、杜絕惡夢；
九者、出入神護；十者、多遇聖因。
世尊！未來世中及現在眾生，若能於所住處方面，作如是供養，得如是利益。」

復白佛言：「世尊！未來世中，若有善男子、善女人，於所住處，有此經典及菩薩像，是人更能轉讀(一)經典，供養菩薩。我常日夜以本神力，衛護是人，乃至水火、盜賊、大橫、小橫，一切惡事，悉皆銷滅。」

佛告堅牢地神：「汝大神力，諸神少及。何以故？閻浮土地悉蒙汝護，乃至草、木、沙、石、稻、麻、竹、葦、穀米、寶貝，從地而有，皆因汝力。又當稱揚地藏菩薩利益之事，汝之功德及以神通，百千倍於常分。

地神，若未來世中，有善男子、善女人供養菩薩，及轉讀是經，但依《地藏本願經》一事修行者，汝以本神力而擁護之，勿令一切災害，及不如意事，輒聞於耳，何況令受？非但汝獨護是人故，亦有釋、梵眷屬，諸天眷屬，擁護是人。何故得如是聖賢擁護？皆由瞻禮地藏形像，及轉讀是本願經故，自然畢竟出離苦海，證涅槃樂。以是之故，得大擁護。」

註一：轉讀：「經」是佛說，由我們來讀誦，要轉誦到自己的耳根去，讓自己聽到；還要轉誦給臨終者、往生者聽，給有形界、無形界眾生聽。

見聞利益品第十二

爾時，世尊從頂門上，放百千萬億大毫相光。所謂：白毫相光、大白毫相光、瑞毫相光、大瑞毫相光、玉毫相光、大玉毫相光、紫毫相光、大紫毫相光、青毫相光、大青毫相光、碧毫相光、大碧毫相光、紅毫相光、大紅毫相光、綠毫相光、大綠毫相光、金毫相光、大金毫相光、慶雲毫相光、大慶雲毫相光、千輪毫光、大千輪毫光、寶輪毫光、大寶輪毫光、日輪毫光、大日輪毫光、月輪毫光、大月輪毫光、宮殿毫光、大宮殿毫光、海雲毫光、大海雲毫光。

於頂門上放如是等毫相光已，出微妙音，告諸大眾、天龍八部、人、非人等：「聽吾今日於忉利天宮，稱揚讚歎地藏菩薩，於人、天中，利益等事、不思議事、超聖因事、證十地事、畢竟不退阿耨多羅三藐三菩提事。」

說是語時，會中有一菩薩摩訶薩，名觀世音，從座而起，胡跪(一)合掌，白佛言：「世尊！是地藏菩薩摩訶薩，具大慈悲，憐愍罪苦眾生。於千萬億世界，化無量千萬億身(二)，所有功德及不思議威神之力。我聞世尊與十方無量諸佛，異口同音，讚歎地藏菩薩云：『正使(三)過去、現在、未來諸佛，說其功德，猶不能盡。』向者又蒙世尊普告大眾，欲稱揚地藏利益等事。唯願世尊為現在、未來一切眾生，稱揚地藏不思議事，令彼等瞻禮獲福(四)。」

佛告觀世音菩薩：「汝於娑婆世界，有大因緣，若天、若龍、若男、若女、若神、若鬼、乃至六道罪苦眾生，聞汝名者、見汝形者、戀慕汝者、讚歎汝者，是諸眾生常生人、天，具受妙樂，於無上道，必不退轉(五)，因果將熟，遇佛授記。汝今具大慈悲，憐愍眾生，及天龍八部，聽吾宣說地藏菩薩不思議利益之事。汝當諦聽，吾今說之。」

觀世音言：「唯然，世尊！願樂欲聞。」

佛告觀世音菩薩：「未來、現在諸世界中，有天人，受天福盡，有五衰相(六)現，或有墮於惡道之者。如是天人，若男、若女，當現相時，或見地藏菩薩形像，或聞地藏菩薩名，一瞻一禮，是諸天人，轉增天福，受大快樂，永不墮三惡道報。

何況見聞菩薩，以諸香、華、衣服、飲食、寶貝、瓔珞，布施供養，所獲功德福利，無量無邊。

復次，觀世音！若未來、現在諸世界中，六道眾生，臨命終時，得聞地藏菩薩名，一聲歷耳根者，是諸眾生，永不歷三惡道苦。何況臨命終時，父母眷屬將是命終人舍宅、財物、寶貝、衣服，塑、畫地藏形像；或使病人未終之時，眼耳見聞，知道眷屬將舍宅、寶貝等，為其自身塑、畫地藏菩薩形像。是人若是業報，合受重病者，承斯功德，尋即除愈，壽命增益。是人若是業報命盡，應有一切罪障業障，合墮惡趣者，承斯功德，命終之後，即生人、天，受勝妙樂。一切罪障，悉皆銷滅。

復次，觀世音菩薩！若未來世，有男子、女人，或乳哺時、或三歲、五歲、十歲已下，亡失父母乃及亡失兄弟、姊妹。是人年既長大，思憶父母及諸眷屬，不知落在何趣？生何世界？生何天中？是人若能塑、畫地藏菩薩形像，乃至聞名，一瞻一禮，一日至七日，莫退初心，聞名、見形、瞻禮、供養。是人眷屬假因業故，墮惡趣者，計當劫數，承斯男女、兄弟、姊妹塑、畫地藏形像，瞻禮功德，尋即解脫，生人、天中；受勝妙樂者，即承斯功德，轉增聖因，受無量樂。

是人更能三七日中，一心瞻禮地藏形像，念其名字，滿於萬遍，當得菩薩現無邊身，具告是人，眷屬生界；或於夢中，菩薩現大神力，親領是人，於諸世界，見諸眷屬。

更能每日念菩薩名千遍，至于千日，是人當得菩薩遣所在土地鬼神，終身衛護；現世衣食豐溢，無諸疾苦；乃至橫事，不入其門，何況及身？是人畢竟得菩薩摩頂授記。

復次，觀世音菩薩！若未來世，有善男子、善女人，欲發廣大慈心，救度一切眾生者；欲修無上菩提者；欲出離三界者。是諸人等，見地藏形像及聞名者，至心歸依，或以香、華、衣服、寶貝、飲食，供養瞻禮，是善男女等，所願速成，永無障礙。

復次，觀世音！若未來世，有善男子、善女人，欲求現在、未來百千萬億等願，百千萬億等事，但當歸依、瞻禮、供養、讚歎地藏菩薩形像，如是所願所求，悉皆成就。復願，地藏菩薩具大慈悲，永擁護我。是人於睡夢中，即得菩薩摩頂授記。

復次，觀世音菩薩！若未來世，善男子、善女人，於大乘經典，深生珍重，發不思議心，欲讀欲誦，縱遇明師，教視令熟，旋得旋忘，動經年月，不能讀誦。是善男子等，有宿業障，未得銷除故，於大乘經典，無讀誦性。如是之人，聞地藏菩薩名，見地藏菩薩像，具以本心，恭敬陳白；更以香、華、衣服、飲食、一切玩具，供養菩薩；以淨水一盞，經一日一夜安菩薩前，然後合掌請服，迴首向南，臨入口時，至心鄭重；服水既畢，慎五辛(七)、酒肉、邪婬、妄語及諸殺害，一七日或三七日。是善男子、善女人，於睡夢中，具見地藏菩薩現無邊身，於是人處，授灌頂水，其人夢覺，即獲聰明，應是經典，一歷耳根，即當永記，更不忘失，一句一偈。

復次，觀世音菩薩！若未來世，有諸人等，衣食不足，求者乖願；或多病疾，或多凶衰；家宅不安，眷屬分散；或諸橫事，多來忤身；睡夢之間，多有驚怖。如是人等，聞地藏名，見地藏形，至心恭敬，念滿萬遍，是諸不如意事，漸漸消滅，即得安樂，衣食豐溢，乃至於睡夢中，悉皆安樂。

復次，觀世音菩薩！若未來世，有善男子、善女人，或因治生，或因公私，或因生死，或因急事，入山林中，過渡河海，乃及大水，或經險道。是人先當，念地藏菩薩名萬遍。所過土地，鬼神衛護，行住坐臥，永保安樂。乃至逢於虎狼師子，一切毒害，不能損之。」

佛告觀世音菩薩：「是地藏菩薩，於閻浮提有大因緣，若說於諸眾生見聞利益等事，百千劫中說不能盡。是故觀世音，汝以神力流布是經，令娑婆世界眾生，百千萬劫，永受安樂。」

爾時，世尊而說偈言：

「吾觀地藏威神力　恆河沙劫說難盡
見聞瞻禮一念間　利益人天無量事
若男若女若龍神　報盡應當墮惡道
至心歸依大士身　壽命轉增除罪障
少失父母恩愛者　未知受生(八)在何趣

兄弟姊妹及諸親　生長以來皆不識
或塑或畫大士身　悲戀瞻禮不暫捨
三七日中念其名　菩薩當現無邊體
示其眷屬所生界　縱墮惡趣尋出離
若能不退是初心　即獲摩頂受聖記
欲修無上菩提者　乃至出離三界苦
是人既發大慈心（九）先當瞻禮大士像
一切諸願速成就　永無業障能遮止
有人發心念經典　欲度群迷超彼岸
雖立是願不思議　旋讀旋忘多廢失
斯人有業障惑故　於大乘經不能記
供養地藏以香華　衣服飲食諸玩具
以淨水安大士前　一日一夜求服之
發殷重心慎五辛　酒肉邪婬及妄語

三七日內勿殺害　至心思念大士名
即於夢中見無邊　覺來便得利根耳
應(十)是經教歷耳聞　千萬生中永不忘
以是大士不思議　能使斯人獲此慧
貧窮眾生及疾病　家宅凶衰眷屬離
睡夢之中悉不安　求者乖違無稱遂
至心瞻禮地藏像　一切惡事皆消滅
至於夢中盡得安　衣食豐饒神鬼護
欲入山林及渡海　毒惡禽獸及惡人
惡神惡鬼并惡風　一切諸難諸苦惱
但當瞻禮及供養　萬遍稱念大士名(十一)
如是山林大海中　應是諸惡皆消滅
觀音至心聽吾說　地藏無盡不思議
百千萬劫說不周　廣宣大士如是力

地藏名字人若聞　乃至見像瞻禮者
香華衣服飲食奉　供養百千受妙樂
若能以此迴法界　畢竟成佛超生死
是故觀音汝當知　普告恆沙諸國土。」

註一：胡跪：為印度之敬禮法，如《金剛經》描述即「偏袒（露出）右肩，右膝著地，合掌恭敬」。

註二：化無量千萬億身：《大正新修大藏經》中的經文是「化千萬億身」，今改成「化無量千萬億身」。地藏菩薩在每一個世界都可以化無量身，所以「世界」和「身」的數目不應正等，故加「無量」兩個字。

註三：正使：正，是無偏、無失、沒有缺失，也就是具足圓滿的意思。正使的意思，就是全部請來。

註四：令彼等瞻禮獲福：《大正新修大藏經》中的經文是「令天龍八部瞻禮獲福」，今改成「令彼等瞻禮獲福」，與前句經文「唯願世尊為現在、未來一切眾生，稱揚地藏不思議事」，在涵蓋的範圍上統一。

註五：是諸眾生常生人天，具受妙樂，於無上道，必不退轉：《大正新修大藏經》中的經文是「是諸眾生於無上道，必不退轉，常生人天，具受妙樂」，今改成「是諸眾生常生人天，具受妙樂，於無上道，必不退轉。」依次第上的順序來說，因先有人天福報，才有修習無上道的資糧；有了修無上道的資糧，才能修入八地，畢竟不退轉；有了八地的資糧，才能修入十地；因果具足，遇佛授記。

註六：五衰相：天人將死時會現出五種衰相：（一）頭上花冠枯萎（二）衣裳垢膩（三）身體臭穢（四）腋下出汗（五）不樂本座（位）。

註七：五辛：指五種帶有辛味的蔬菜，即大蒜、小蒜、大蔥、小蔥、韭菜。

註八：受生：《大正新修大藏經》中的經文是「魂神」，改為「受生」。

註九：是人既發大慈心：《大正新修大藏經》中的經文是「是人既發大悲心」，今將「悲」字，改為「慈」，與前經文：「若未來世有善男子、善女人，欲發廣大慈心，救度一切眾生者」統一。

註十：應：讀第四聲，「相應」的意思。

註十一：萬遍稱念大士名：《大正新修大藏經》中的經文是「地藏菩薩大士像」，現改為「萬遍稱念大士名」。因為前面經文是說：若未來世，有善男子、善女人，或因治生，或因公私……入山林中，過渡河海……，是人先當，「念地藏菩薩名萬遍」。

囑累人天品第十三

爾時，世尊舉金色臂，又摩地藏菩薩摩訶薩頂，而作是言：「地藏！地藏！汝之神力，不可思議；汝之慈悲，不可思議；汝之智慧，不可思議；汝之辯才，不可思議。正使十方諸佛，讚歎宣說，汝之不思議事，千萬劫中，不能得盡！

地藏！地藏！記吾今日，在忉利天中，於百千萬億，不可說不可說，一切諸佛菩薩，天龍八部，大會之中，再以人、天，諸眾生等，未出三界，在火宅中者，付囑於汝：無令是諸眾生，墮惡趣中一日一夜，何況更落五無間，及阿鼻地獄，動經千萬億劫，無有出期！

地藏！是南閻浮提眾生，志性無定，習惡者多；縱發善心，須臾即退；若遇惡緣，念念增長。以是之故，吾分是形百千億化度，隨其根性而度脫之！

地藏！吾今殷勤，以天、人眾，付囑於汝：未來之世，若有天人，及善男子、善女人，於佛法中，種少善根，一毛、一塵、一沙、一渧，汝以道力，擁護是人，漸修無上，勿令退失！

復次，地藏！未來世中，若天若人，隨業報應，落在惡趣，臨墮趣中，或至門首，是諸眾生，若能念得一佛名、一菩薩名、一句一偈大乘經典，是諸眾生，汝以神力，方便救拔。於是人所，現無邊身，為碎地獄，遣令生天，受勝妙樂！」

爾時，世尊而說偈言：

「現在未來天人眾，吾今殷勤付囑汝：
以大神通方便度，勿令墮在諸惡趣。」

爾時，地藏菩薩摩訶薩，胡跪合掌白佛言：「世尊！唯願世尊，不以為慮。未來世中，若有善男子、善女人，於佛法中一念恭敬，我亦百千方便，度脫是人，於生死中，速得解脫。何況聞諸善事，念念修行，自然於無上道，永不退轉！」

說是語時，會中有一菩薩，名虛空藏，白佛言：「世尊！我自至忉利，聞於如來讚歎地藏菩薩，威神勢力，不可思議。未來世中，若有善男子、善女人，乃及一切天龍，聞此經典，及地藏名字，或瞻禮形像，得幾種福利？唯願世尊，為未來、現在一切眾等，略而說之！」

佛告虛空藏菩薩：「諦聽！諦聽！吾當為汝，分別說之。若未來世，有善男子、善女人，見地藏形像，及聞此經，乃至讀誦，香、華、飲食、衣服、珍寶，布施供養，讚歎瞻禮，得二十八種利益：

一者、天龍護念；　二者、善果日增；

三者、集聖上因；　四者、菩提不退；

五者、衣食豐足；　六者、疾疫不臨；

七者、離水火災；　八者、無盜賊厄；

九者、人見欽敬；　十者、神鬼助持；

十一者、女轉男身；　十二者、為王臣女；

十三者、端正相好；　十四者、多生天上；

十五者、或為帝王；　十六者、宿智命通；

十七者、有求皆從；　十八者、眷屬歡樂；

十九者、諸橫銷滅；　二十者、業道永除；

二十一者、去處盡通；二十二者、夜夢安樂；
二十三者、先亡離苦；二十四者、宿福受生；
二十五者、諸聖讚歎；二十六者、聰明利根；
二十七者、饒慈愍心；二十八者、畢竟成佛。

復次，虛空藏菩薩！若現在、未來，天龍鬼神，聞地藏名，禮地藏形，或聞地藏本願事行，讚歎瞻禮，得七種利益：

一者、速超聖地；二者、惡業銷滅；
三者、諸佛護臨；四者、菩提不退；
五者、增長本力；六者、宿命皆通；
七者、畢竟成佛。」

爾時，十方一切諸來，不可說不可說諸佛如來，及大菩薩、天龍八部，聞釋迦牟尼佛，稱揚讚歎地藏菩薩大威神力，不可思議，歎未曾有。

是時，忉利天雨無量香、華、天衣、珠瓔，供養釋迦牟尼佛，及地藏菩薩已，一切眾會，俱復瞻禮，合掌而退。

地藏本願經偈

末世哀哉苦眾生　罪緣沉重墮幽冥

心中三毒召橫逆　身口七行犯鬼神

業道輪迴非聖意　惡塗出入違慈恩

誰拔無量無邊苦　地藏慈悲誓願深

地藏本願經讚

大覺垂慈
大願承擔
十方來會忉利天
光明破無間
懺盡俗緣
瞻禮聖像前

學習《地藏本願經》的十個重點

《地藏本願經》中，佛菩薩所說的法，都是甚深微妙、難信難解之法。以我們這樣小心、鈍根、少信的眾生，小心眼裡是沒有辦法攝受、包容經裡的大法。所以，我只能把我這小心眼跟此經相應的地方，舉出幾個學習的重點，跟大家分享一下：

一、此經是針對你、我而說

忉利天宮的法會，本是佛陀為母摩耶夫人說法的法會，但是當地藏菩薩摩訶薩出現時，法會的性質就改了——變成針對末世（此時）南閻浮提（此土）眾生「應受化業」而說的法會。也就是說，這個法會是針對你、我而說。因此，這部經對我們而言，特別重要。

佛陀、地藏菩薩摩訶薩、諸菩薩以及鬼神領袖們，給此時此土我們這一類的眾生，取了一個名字，就是——「剛強難化習惡罪苦眾生」。因為他們見到我們：（一）「舉心動念，無非是罪」、「舉止動念，無不是業，無不是罪」；（二）「脫獲善利，多退初心，若遇惡緣，念念增益」，「縱發善心，須臾即退，若遇惡緣，念念增長」；（三）雖蒙地藏菩薩摩訶薩「頭頭救拔」，仍「旋出旋入」。

從這三個理由來看，我們都具足了「剛強難化習惡罪苦眾生」的性質；因此，我們正是這部經主要開解、救拔對象，並且是地藏菩薩摩訶薩優先救拔的對象。

二、從知「苦樂法」入門

此經開宗明義說：因為此時此土眾生，是如是剛強難化，不能知「苦樂法」，所以跟三寶結不上緣。

因此，我們跟三寶結緣的次第：必須從「苦樂法」開始結緣——歸依佛之知見，依佛之知見來知「苦樂法」，就初結佛緣；若能從「苦樂法」知「善惡法」，就更結佛緣；若能從「善惡法」知「真假正邪法」，就深結佛緣。

只是我們這些剛強難化習惡罪苦眾生，居然沒有辦法和佛所說的「苦樂法」相應；因此不能分辨什麼是「真苦」？什麼是「真樂」？因此也不能分辨什麼是「真善」？什麼是「真惡」？更不要提分辨「真假正邪」！所以歸依不上三寶，永遠活在邪迷、顛倒、昏暗、無明、愚蠢中，智慧不能開啟。這是《地藏本願經》對我們很重要的提醒。

三、從「知苦樂法」入「苦─集─滅─道四諦法門」

如何能「知苦樂法」？

就是開始問：「怎麼自己過去這麼苦？現在這麼苦？將來還會更苦？怎麼一切眾生都這麼苦？」如是把自己及一切眾生所受的苦果，都和「八苦」對號入座──「生苦、老苦、病苦、死苦、愛別離苦、怨憎會苦、求不得苦、五陰熾盛苦」，即是入了「苦諦」門。

如果能進一步問：「我及一切眾生到底怎麼召集來這些苦？怎麼去造作成就這些苦？又如何在受這些苦？如何答報這些苦？」如是去找出苦因——「十惡」及「十二因緣法」，就是分辨「善惡法」，對苦有正確的「重新認識」，即由「苦諦」進入「集諦」。

若能知苦、斷集，則永滅一切苦因苦果，就是「滅諦」。

如果能再進一步問：「我及一切眾生，有什麼辦法可以出離一切苦？而且永遠不再召集這樣的苦？真正有這麼美好的事嗎？那麼，該行什麼道才能到達那個美好的境界？原來有十善業道及三乘道！那麼，怎麼才能正確行上此道？」如是發願、修道，就進入「道諦」，行上真正「離苦得樂」之道。

《地藏本願經》很方便地帶我們從「知苦樂法」入門，認識「四諦法門」，並幫我們用這個認識，很快能歸依上地藏菩薩摩訶薩，歸依上三寶。

四、地藏菩薩摩訶薩是「願力法」的總代表

因為我們是「剛強難化習惡罪苦眾生」，非常習慣活在「罪惡苦」的生態

和心態中，繼續造業——如是想、如是說、如是作，對「苦樂法」都不能、也不願正確認識，如是根本入不了「四諦法門」，只有長期活在「業力法」的掌控底下。

此經即明白開示地藏菩薩的四個前世，讓我們認領到：連地藏菩薩摩訶薩都必須以「願力法」，作為唯一對治「業力法」的辦法。只要我們願意，我們的未來就可以在「願力法」的牽引、開導下，擺脫業力法的控制，出離業力法的軌道，得真自由、真解脫。

《地藏本願經》就是在告訴我們：一切十方三世諸佛菩薩願力的總代表，就是地藏菩薩摩訶薩；地藏菩薩摩訶薩也代表一切六道眾生本願——都要「趨吉避凶、離苦得樂」；都要追求「常、樂、我、淨」，因此一切眾生都當歸依地藏菩薩摩訶薩的大願。

五、認識無形界

此經還告訴我們：「無形界」的力量，遠遠大過「有形界」的力量；有形界眾生的命運，完全被無形界所掌控。

「無形界」是什麼呢？

凡是我們眼、耳、鼻、舌、身、意「六根」看不見、聽不到、聞不到、嚐不到、觸不到、想不到的存在，就是「無形界」。

因此，對於我們這樣「小心、鈍根、少信」的眾生而言，「無形界」包括了一切的佛、菩薩、辟支佛、阿羅漢、鬼神仙魔、下三趣眾生、我們沒去過的地方、我們沒經歷過的事；還包括人道眾生；甚至包括我們自己。

為什麼我們連「人道眾生」和「自己」都在無形界？

就看看：我們這個無形無相、無嗅無味、不可捉摸的「心」，不是在無形界嗎？乃至我們難以見到的「心中三毒」，不也在無形界嗎？再看看我們的過去、未來，不都在無形界嗎？還有那些芸芸眾生，乃至我們身邊最親近的人，我們見得到他們的過去、未來嗎？認識他們的「心」嗎？不全都在無形界嗎？

無形界浩瀚廣大，具有極大的威力，是一切動力的來源，完全掌控了我們這些有形界的眾生，只是我們不知、不見、不覺罷了。

《地藏本願經》就是要我們深刻去體會、相應：無形界是有力的！而我們自認為有力的有形界，其實是無力的！

六、「十善十惡」是從有形界通往無形界的銜接點

一切眾生造作十惡，就受八苦；遠離十惡，即行十善，就能離苦得樂。

而「善惡法」，主要在無形界，特別是所造作的意業——憍慢邪見、貪欲慳吝、瞋恨嫉妒。語業所造——妄語、兩舌、惡口、綺語；身業所造——殺生、偷盜、邪淫，雖是有形有相，但一旦被我們覆藏，就進入無形界。

當十惡業或十善業累積到一定程度，就從無形界進入有形界，此時我們就感受到「苦」或「樂」。所以，要從有形界通往無形界，就是從所受的樂果、苦果，去思惟觀察「十善、十惡」，這是一個很重要的渠道。

在這個渠道上，《地藏本願經》提供了諸多方便法門，讓我們從有形界進入無形界。

例如，因為我們心量狹劣，無有智慧，經常「於相住相」，只關注有形界

的人事物，所以地藏菩薩摩訶薩就隨順我們，利用造像、供養佛菩薩聖像、供養浮圖廟塔、做一切佛事、稱念佛號、讀誦《地藏本願經》等辦法，做為方便法門，幫助我們憶想遙擬佛菩薩的種種功德、善業、福報，勇敢誠實慚愧地發露所造十惡，帶我們出離當下怯弱、恐怖、逼迫、衰惱的境界，如是就擴大提昇我們的心量，把我們從有形界接引到無形界。

這部經的重要性，就在幫我們打開「無形界」這扇門。否則，我們跟無形界是不通的。

嚴格地說，不能講我們跟無形界「不通」，因為我們和無形界的下層非常地「通」。例如，我們的心態和餓鬼、畜生、地獄是很容易通的，只是我們不能自知、自見、自覺是怎麼通的，通常要等我們嚐到了刀山油鍋的滋味，才知道已經跌進了地獄。

我們經常來到無形界的下層，卻不知道通過了什麼路程，這是非常危險的事。《地藏本願經》就是著重在警告我們，那些我們極需要認識，但又還沒有認識到的無形界的存在。

七、生時死時的勸告

因為我們見不到自己經常在通往無形界，特別是在「生時、死時」，所以此經中，地藏菩薩摩訶薩和那些鬼王們，明白地給了我們一些很現實的勸告：

不要放逸其心，不要大事舉哀或慶祝，不要祭拜鬼神，也不要得罪鬼神；唯一能作的事，就是捨一切寶愛之物和錢財，全部拿來稱念供養地藏菩薩摩訶薩和一切諸佛菩薩，大作佛事。這是在生死之際，和無形界最良性的溝通辦法。

八、「大人布施眾生，小人供養三寶」的原則

對於國王、大臣、宰官、長者等世間領袖，以及世間豪貴者而言，經中說：若能下心布施眾生，其「布施功德」多於對三寶的供養。

對於小百姓而言，他們沒有錢財勢力，所以他們對三寶的「恭敬供養功德」大過於布施功德。

九、地藏菩薩摩訶薩是十方一切佛、法、僧寶的總代表

「忉利法會」上，地藏菩薩摩訶薩不止受到世尊的「殷勤付囑」，還受到十方諸佛和諸天菩薩共同託付委命，來救拔我們末世「剛強難化習惡罪苦眾生」。地藏菩薩摩訶薩也一再重發誓願來回應他們，要他們不要憂慮。

在這裡，我們一定要清楚認識到地藏菩薩摩訶薩的功德。為什麼他會單獨受到十方諸佛和諸天菩薩的共同託付委命，作十方一切佛法僧寶的總代表？

首先，他的深誓大願不可思議；其次，他有不可思議的神力、不可思議的智慧力、不可思議的慈悲力、不可思議的辯才力、不可思議的方便力。地藏菩薩就是以此無量功德，作為我們末世南閻浮提「剛強難化習惡罪苦眾生」的唯一救拔者。這是每一個讀《地藏本願經》的人，一定要牢記在心的。

十、《地藏本願經》是此時此土一切眾生和地藏菩薩摩訶薩正結佛緣，最重要的一本經典

諸佛菩薩所說的修行法門，都非常殊勝，但都有條件、有「門檻」要跨，

多數必須是「善男子、善女人、發阿耨多羅三藐三菩提心」才有資格修學。

而我們現在連「十惡業道」和「八苦」都不能自救自拔自解自出，種種殊妙法門都歸依不上，只有地藏菩薩「不設門檻、沒有條件」，只要我們願意向他發出求救訊號、願意被他救拔，他就救。

故地藏菩薩摩訶薩是專門救拔、專門對治我們這些福薄善淺、剛強難化、習惡罪苦眾生的。一旦跟地藏菩薩摩訶薩結上緣，就得他神力加持護念，並得受持種種殊勝方便「地藏法門」，通過這些法門，很容易就跟一切諸佛菩薩，和一切種種勝妙法門接上緣。因此，我們要好好學習《地藏本願經》。

黃勝常 敬識

二零零五年四月十二日

於美國雲霓山道場

《地藏本願經》難字表

忉利天宮神通品第一

忉 dāo	迦（音咖）kā	般 bō
若 rě	昧 mèi	檀 tán
尸 shī	羼 chàn	毘 pí
娑 suō	醯 xī	稼 jià
噉 dàn	辟 pì	瞻 zhān
鏤 lòu	塑 sù	祇 qí
遂 suì	儻 tǎng	分 fèn
涌 yǒng	搏 bó	攫 jué
稽 qǐ	行 xíng	訖 qì

分身集會品第二

耨ㄋㄡˋ nòu	藐ㄇㄧㄠˇ miǎo	梵ㄈㄢˋ fàn

觀眾生業緣品第三

玷ㄉㄧㄢˋ diàn	伽（音嘎）gā	恣ㄗˋ zì
誑ㄎㄨㄤˊ kuáng	匝ㄗㄚ zā	拽ㄓㄨㄞˋ zhuài
戟ㄐㄧˇ jǐ	中ㄓㄨㄥˋ zhòng	剉ㄘㄨㄛˋ cuò
碓ㄉㄨㄟˋ duì	鑿ㄗㄠˊ záo	銼ㄘㄨㄛˋ cuò
斫ㄓㄨㄛˊ zhuó	鑊ㄏㄨㄛˋ huò	羌ㄑㄧㄤ qiāng

閻浮眾生業感品第四

諦ㄉㄧˋ dì	應ㄧㄥ yīng	調ㄊㄧㄠˊ tiáo

鱉ㄅㄧㄝ biē	晃ㄏㄨㄤˇ huǎng	彌ㄇㄧˊ mí
婢ㄅㄧˋ bì	冥ㄇㄧㄥˊ míng	哽ㄍㄥˇ gěng
咽ㄧㄢˋ yè	卒ㄗㄨˊ zú	號ㄏㄠˊ háo
迄ㄑㄧˋ qì	蔓ㄇㄢˋ màn	癃ㄌㄨㄥˊ lóng
咽ㄧㄢ yān	畋ㄊㄧㄢˊ tián	獵ㄌㄧㄝˋ liè
悖ㄅㄟˋ bèi	撻ㄊㄚˋ tà	雛ㄔㄨˊ chú
瘖ㄧㄣ yīn	闕ㄑㄩㄝ quē	

地獄名號品第五

邃ㄙㄨㄟˋ suì	啗ㄉㄢˋ dàn	鈇ㄈㄨ fū
剝ㄅㄛ bō	纖ㄒㄧㄢ xiān	歧ㄑㄧˊ qí
鑊ㄏㄨㄛˋ huò	盛ㄕㄥˋ shèng	⿰金疾(音疾) jí

鑗ㄌㄧˊ lí	攢ㄘㄨㄢˊ cuán	騾ㄌㄨㄛˊ luó

如來讚歎品第六

幢ㄔㄨㄤˊ chuáng	旛ㄈㄢ fān	伎ㄐㄧˋ jì
樂ㄩㄝˋ yuè	輒ㄓㄜˊ zhé	橫ㄏㄥˋ hèng
露ㄌㄡˋ lòu	魘ㄧㄢˇ yǎn	寐ㄇㄟˋ mèi
尪ㄨㄤ wāng	瘵ㄓㄞˋ zhài	剎ㄔㄚˋ chà

利益存亡品第七

石ㄉㄢˋ dàn	懸ㄒㄩㄢˊ xuán	魍ㄨㄤˇ wǎng
魎ㄌㄧㄤˇ liǎng	渧（音滴）dī	齋ㄓㄞ zhāi
泔ㄍㄢ gān		

閻羅王眾讚歎品第八

詣ㄧˋ yì	祁ㄑㄧˊ qí	吒ㄓㄚˋ zhà
蚖ㄩㄢˊ yuán	蝮ㄈㄨˋ fù	蠍ㄒㄧㄝ xiē
咄ㄉㄨㄛˋ duò	哉ㄗㄞ zāi	樂ㄩㄝˋ yuè
絃ㄒㄧㄢˊ xián	惛ㄏㄨㄣ hūn	

稱佛名號品第九

涅ㄋㄧㄝˋ niè	槃ㄆㄢˊ pán	頃ㄑㄧㄥˇ qǐng

校量布施功德緣品第十

校ㄐㄧㄠˋ jiào	癃ㄌㄨㄥˊ lóng	瘖ㄧㄣ yīn

地神護法品第十一

龕ㄎㄢ kān

見聞利益品第十二

哺ㄅㄨˇ bǔ　　盞ㄓㄢˇ zhǎn　　忤ㄨˇ wǔ

囑累人天品第十三

累ㄌㄟˇ lěi　　碎ㄙㄨㄟˋ suì　　厄ㄜˋ è

國家圖書館出版品預行編目(CIP)資料

地藏本願經讀誦本／黃勝常編著 .-- 第一版 . -- 臺北市：
東山講堂出版：紅螞蟻圖書發行，2016.06
面； 公分 . --（地藏法門；2）
ISBN 978-986-80086-7-0(平裝)

1. 方等部

221.36　　105003861

地藏法門 02

地藏本願經讀誦本

編　　著／黃勝常
編　　輯／東山講堂編輯部
E-mail／dongshaninst@msn.com

定　　價／250 元
出版日期／2016 年（民 105）6 月 第一版第一刷
總 經 銷／紅螞蟻圖書有限公司
地　　址／台北市內湖區舊宗路二段 121 巷 19 號（紅螞蟻資訊大樓）
網　　站／www.e-redant.com
電　　話／（02）2795-3656
傳　　真／（02）2795-4100
ISBN／978-986-80086-7-0